언젠가 머물렀고 어느 틈에 놓쳐버린

언젠가
머물렀고

　　　어느 틈에
　　　놓쳐버린

　　　가랑비메이커 장면집

　　　문장과장면들

아무도 모르게
오르고 내리던 영화
저조한 시청률의 드라마
오래된 노래와 낡은 책

평범한 사람들
보통의 서사

어쩌면 삶이란 영화는

지극히 사소한 장면들로부터

시작되는지도 모른다.

낮고 고요한 공간에서 시작되어

아무도 모르게 막을 내리는

당신의 하루에 깊은 애정을 담아 보내며

·

짧은 서사만으로 마음을 붙잡아두는 영화 속
장면과 대사처럼 음미해주세요. 평범한 사람들,
보통의 서사의 조각들을.

1부   아직 읽히지 않은 마음

피지 못한 이름 15 · 아무리 17

찢어진 우산 18 · 한여름에 떠난 소년 21

비의 단상 23 · 혼자가 아닌 이유 26

산책 30 · 소멸 31 · 어깨동무 32

아직 그리고 여전히 35 · 비겁한 나이 36

그녀가 전시를 보는 방법 38

그녀가 음악을 듣는 방법 41

그녀가 드라마를 보는 방법 45

비의 대화 47 · 무게를 견디는 일 50

아픈 날엔 혼잣말만 는다 55 · 벽에는 문 56

라떼 한 잔 58 · 흐르는 모든 것을 애정해 61

그녀의 마일리지 62 · 검은 호수 64

소울메이트 66 · 단짝들 67

그녀의 간격 68 · 서울역 버스 환승센터 70

삶이라는 서사 73 · 여고시절 80

총알 박힌 사나이 83 · 앨범 97

여전히 나란한 기대　　　　　　　　　　2부

이탈자 102 ・ 언제나 뒤에 선 105

그때, 우리가 있었다 107 ・ 아무렇지도 않아 113

동창회 115 ・ 젊은 날의 슬픔 116

티비를 보다가 118 ・ 언젠가라는 이름으로 121

푸른잠 123 ・ 순간을 애정해 124

일리 있는 이별 125 ・ 전환점 127 ・ 우연 128

길 130 ・ 청혼 132 ・ 터널을 지나다 138

궤도 140 ・ 절망 없이 그리워 하는 법 144

불행이라는 이름으로 146 ・ 거짓말 147

그녀의 종착지 148 ・ 가스레인지와 드라이기 154

엄마라는 이름 162 ・ 너로 일어나 163

만연 165 ・ 나를 닮은 당신에게 182

3부　　　　서서히 마주보는 세계

커뮤니케이션의 이해 187

가면을 쓰지 않은 이방인 189

고백 192 　습관 194　•　그릇의 크기 198

무너짐의 황홀함 199　•　길이 되어 200

4월의 눈동자 201　•　손끝 210　•　유효 211

벽 212　•　허기 213　•　숨바꼭질 214

썸머를 위한 변명 216　•　9월의 고백 222

언니의 잠꼬대 224　•　흙 묻은 운동화 229

마이너적 취향 231

epilogue

우리의 삶이 영화라면 235

1.
아직 읽히지 않은 마음

피지 못한 이름

 며칠 전 우연히 자리하게 된 모임에서 너를 다시 꺼내보게 될 줄은 정말 몰랐어. 익숙한 얼굴들과 낯선 얼굴들이 함께 이어가던 두서없는 대화는 어느새 옛사랑이라는 조금은 촌스럽고 쑥스러운 화두를 데려왔고 하나둘 입을 열었지.

 사랑이라니, 너도 알잖니. 사랑이란 두 음절이 내게 주는 부조리함. 어쩐지 사랑이란 걸 하면서도 사랑이라는 말을 기다리는 얼굴 앞에서는 그 사랑이 더는 나아가질 못한다고, 언젠가 네게도 말했었지. 그렇게 떠나보낸 얼굴들은 여전히 이따금 꿈속에서까지 나에게 사랑해―,

그 한마디를 듣겠다며 집 앞을 서성이고 있지만 너는 없었어. 그렇게 찾아올 네가 아니었지. 사랑이라는 말없이도 나를 읽었다던 너였고 그렇기에 우리 사이엔 사랑, 그 사랑이라는 단어는 멀기도 참 멀었으니까. 그럼에도 나는 옛사랑이라는 말에 그가 아니라 너를 떠올리고 만 거야.

이것 봐. 사랑이라는 이 부조리함.

왜였을까. 행복과는 조금 멀었고 속으로 꼭꼭 삼켜내야만했던 그 시간들, 그 오래된 걸음들을 나는 왜 아직은 낯선 그 얼굴들 앞에 늘어놓고 말았을까. 몇 번의 만남 끝에 등을 보이고 말았던 우리. 피지 못해서 질 수도 없던, 여전히 봉오리로 남겨지고만 그 만남을 말이야.

네게도 문득 그런 시간들이 찾아올까. 끝내 멈춰야만 했던 우리의 못다 한 날들이 피고 지는 모습을 상상하다 다시 무너져야만 하는 새벽이.

아무리

아무리 바빠도 꼭 만나야 하는 사람이 있다.
아무리 어려워도 꼭 뱉어야 하는 말이 있다.
아무리 머물고 싶어도 되돌려야만 하는 걸음이
아무리 힘들어도 이겨내야 하는 시간들이 있다.

아무리, 라고 시작되는 말들은 대개 그렇다.
결국 그래야 하는 것이다.

지금 여기의 당신이 어떤 장면에 놓였는지
그 절망을 나, 결코 알 수 없으나
그 앞에 아무리, 라는 이름으로
우리, 다시 한 번만.

찢어진 우산

갑작스럽게 쏟아지던 비에 신발은 엉망이 되었고 오랜만에 힘주고 나왔던 머리가 폭삭 주저앉았다며 깔깔거리기 바빴던 우리가 잠시 멈춰 섰을 때, 네가 갑자기 울음을 터뜨렸어. 멋대로 망가져 버린 비닐우산을 들고서.

어차피 젖어버릴 마음이었는데 그깟 얇은 비닐쯤이야, 돌이켜 보면 정말 우습지. 몇 번이고 찢기고 구멍 날 줄 알면서도 도저히 맨몸으로는 안되겠더라고.

그 말에 누구도 무어라 대꾸할 수가 없었어.

괜찮냐는 물음에도 애써 태연한 얼굴로 모두를 속여 버렸던 너의 연기는 갑작스러운 소나기에 끝나버린 거야. 비소로 우리는 빗물에 말끔히 씻겨진 네 맨 얼굴을 마주할 수 있었어.

한여름에
떠난 소년

    우습게 들릴 거란 거 알고 하는 말이에요. 하지만 정말 두려워지고는 했어요. 추운 계절이 왔지만, 그는 여전히 얇은 옷차림을 한 채 제게 등을 보이고 있어요.

    그대로 얼음. 아무런 미동도 없이.

    정말 두려웠어요. 겨우 그 차림으로 이 추위에 얼어 죽지는 않고 여전히 어디에선가 뜨거운 숨을 뱉고 있는 걸까. 어느 날에는 덜컥 겁이 났어요. 그를 붙들던 계절 끝에 결국 다시 해가 넘어가고 나는 무겁게 늙어만 가는데, 그날에 멈춰선 그는 여전히 맑은 모습의 소년. 이제는 마주하고도 나를 알아채지 못하면 어쩌지.

끝내 마주하지 못하는 우리는 어쩜 축복일까. 기막힌 긍정을 찾아냈지만 여전히 사무치는 마음은 달랠 길이 없었어요.

비의 단상

1

후두둑-. 떨어지는 빗줄기가 공기 사이를 가득히 메우지 않아도 거리의 얼굴들은 모두 고개를 떨군다. 바들거리는 손으로 크고 얇은 기둥을 옮기는 사람들. 낮이건 밤이건 비가 그칠 때까지 기둥들의 여행은 물 먹은 신들을 재촉하며 그칠 줄을 모른다. 가빠지는 걸음은 기둥을 잃었거나 잊은 사람들에게도 마찬가지. 그들은 머리에 손을 얹은 채 종일 거리를 배회한다.

2

쏟아지던 빗줄기를 피하며 카페 안에 들어섰

대도 빗방울이 떨어지는 소리는 그칠 줄을 모른다. 열린 창 틈새로 뚜-욱 뚝. 어깨 위로 투둑.

질척거리는 발걸음을 겨우 떼어내며 올라탄 냉랭한 지하철 안에도 젖은 걸음들이 모여든다. 늘어지는 '잠시 후'를 끈기 있게 기다리며 오른 버스 안에서 들려오는 오래된 팝송과 그 사이를 비집고 들려오는 끼이끽-. 와이퍼가 빗물을 지워내는 소리. 몇 번을 지워내도 다시 제자리를 찾아오는 빗방울들에 멈출 줄 모르는 와이퍼들의 엉거주춤.

3

기별도 없이 쏟아지는 비는 나른하던 거리 위를 분주한 걸음들로 채워버린다. 비 오는 거리를 도망치듯 떠나온대도 젖은 소매 끝을 숨기기는 어렵다. 애써 매만졌던 머리와 옷매무새도 무언의 빗줄기 앞에서는 속수무책. 자포자기의 심정으로 흙냄새 가득한 거리를 걷다 보면 잊었다고 자신했던 이름들마저 하나둘 떠오르고.

축축해진 기억에 자꾸만 멀어지는 걸음, 조금씩 늦어지는 귀가. 비 오는 날은 놓쳐버렸던 우리라는 이름의 암묵적 재회.

누군가 이깟 비쯤이야, 라며 주저없이 맨몸으로 빗속에 뛰어들었다면 어쩌면 그는 알고 있을지도 모른다. 피하려고 하면 할수록 자꾸만 젖어들던, 도무지 모른 체할 수 없던 얕은 빗줄기.
그 힘에 떠밀려서 잊었다던 그 얼굴 앞에 다시 서고 싶었을지도 모른다.

젖은 옷이 착 달라붙어서 나를 놓아주지 않던 그 순간, 벗겨내려고 안간힘을 쓰면서도 눈물이 나던 이유를 그는 알고 있을지도 모른다.

혼자가 아닌
이유

 세상에 비슷한 사람은 있어도 같은 사람은 없다는 말이 얼마나 무서웠는지 몰라. '두 번 다신 없을'이란 말을 버릇처럼 뱉었던, 그 철없던 젊음이 나에게도 있었거든.
 모든 게 새로웠어. 같은 건 내가 나라는 사실과 그가 여전히 내 곁에 있다는 사실, 그뿐이었어. 함께 있을 때면 모든 것이 새로운 빛으로 반짝이는 것만 같았어. 성가시게만 느껴지던 우편함의 고지서들마저 친절하게만 느껴졌거든. 이제 곧 새로운 삶이 시작될 것이고 나는 조금 더 멋진 사람으로 거듭날 거라고 확신했어. 그 모든 게 '두 번 다신 없을' 마법과도 같은, 삶에 단 한

번 찾아오는 축복과도 같다고 느꼈지.

  내 고백이 과거형으로 이어지고 있으니 모든 게 뒤집어졌다는 것은 쉽게 짐작했겠지만, 그때의 나는 조금도 알 수 없었어. 두 번 다시는 없을 그 모든 것이 사라져버린 순간 말이야. 그가 나를 떠났다는 사실도 아팠지만 어쩌면 이제 더는 내 삶에 마법 같은 사랑은 없을 거란 사실이 더 두려웠는지도 몰라.

  내가 말했잖아. '두 번 다신 없을'이란 말을 버릇처럼 뱉었고 믿어왔던 시간이 있었다고. 어둠에 갇힌 내게 다시 마법이 찾아오기 위해서는 다름 아닌 그가 되돌아와야만 한다고 생각했어. 내게 기적을 안겨다 줄 사람은 오직 하나였으니까. 하지만 그는 이미 멀리 사라져버렸고 세상에 같은 사람은 없었지.

  그래, 정말 세상에 비슷한 사람은 있어도 같은 사람은 없어. 누구나 끄덕일 분명한 사실에 나는 날마다 새롭게 무너져야만 했어.

그러던 어느 날, 누군가 이런 말을 건넸어.

"네 말처럼, 세상에 비슷한 사람은 있어도 같은 사람은 없어. 누군가 떠나버린 이유에 다른 누군가는 찾아오지. 누군가 내다 버린 것들을 다른 누군가는 조심스럽게 들여놓는 것처럼.

그래서 우리는 영영히 혼자는 아닌지도 몰라. 떠난 그에게서 끝나버린 마법은 이제 그 어디에도 없어. 너는 이제 그가 아닌 다른 누군가를 만나서 전혀 다른 마법을 시작할 거야.

〈두 번 다시 없을〉이란 말은 그렇게 시작되는 거지. 이 세상에 두 번 다시 있을 사랑은 애초에 존재하지 않으니까."

이 말 앞에서 울다가 웃기를 얼마나 반복했는지. 같은 사람은 없다는 말. 난 이 말이 두렵기만 했지, 이렇게 아름다운 말인 줄은 알지 못했어.

그날 이후로 이미 놓쳐버린 이름은 기억하지 않기로 했어.

그리고 정말 거짓말처럼 그가 떠나버린 이유에 다른 누군가 찾아왔어. 나는 다시 두 번 다신 없을 날들을 보내고 있어. 그러니 너도 우리가 혼자가 아닌 이유를 믿어봐.

산책

호드러진 벚꽃 아래에는 웃음소리 끊긴 지 오래인 놀이터가 있다. 그곳엔 아무렇게나 자라난 잔디와 누군가에 의해 베인 나무들이 누워있다. 마른 가지에 꼭 붙어있는 푸른 잎들은 여전히 제 존재를 증명하려는 것처럼 보인다.

나는 여전히 이런 것에 마음을 빼앗긴다. 나 하나쯤은 반드시 기억해야겠다 싶은 것들. 빠르게 지나는 걸음들 사이에 홀로 멈춰 서서 문장을 솎아내게 하는 장면들은 언제나 빛바랜 것들이다. 오래되어 낡아 보이지만 사실은 더 갈 데 없이 무르익은 것들, 깊어진 것들.

소멸

어떤 것들은 숱한 고민을 품은 채 오래 웅크리고 있다가 밖을 나서기도 전에 기억 속으로 사라지기도 한다.

그러나 그 역시 유의미한 침묵과 소멸이라는 걸 안다.

어깨동무

　붐비던 거리를 도망치듯 나와서 오래된 노래가 흐르던 카페 창가에 앉았어. 정말 한적했어. 고요했고. 그 흔한 진동벨마저 없었지. 오래 지나지 않아 창백한 얼굴의 종업원이 홍차를 내왔고 향이 좋았지만 마시지는 않았어. 그저 냉방에 차가워진 손을 찻잔 위에 올리고는 빙빙. 모락모락 올라 오던 김을 휘저으며 넘겨본 창밖은 바삐 걷는 발걸음들이 가득했어. 몇 번이고 나타나고 사라지기를 반복하던 걸음들. 내 시선은 가만히 그들의 움직임을 따라갔지. 형체 없던 그리움을 떨쳐내지 못하고서.
　글쎄, 이 감정들은 누굴 향한 것일까. 나조차

쉽게 입을 뗄 수 없던 그 사이, 창밖엔 빗방울이 쏟아지기 시작했고 하나 하나 떠오르던 얼굴들이 반가웠지. 서늘한 카페 안에서 흘러나오던 익숙한 노랫말 사이로 쏟아지던 빗물, 그 사이 창밖의 걸음들은 어딘가 조금 더 리드미컬해진 기분. 그 리듬을 따라서 내 안의 계절이 바뀌고 할 말은 생겼다가 다시 사라지기도 하고.

 창밖을 한참 바라보다 문득 고갤 들었을 때 생경하고도 익숙한 창백한 얼굴과 눈이 마주쳤어. 괜히 머쓱해져 서둘러 자리를 정리하고서는 말했지. 입도 안 된 홍차가 참 맛있었다고.
 거리에는 여전히 비가 멈출 줄을 몰랐고 발걸음들은 잦아졌지만 나는 가득한 걸음을 뗐어. 지난 계절이 가득하고 빛바랜 얼굴들이 서로 어깨동무를 하며 걷는 걸음을.

우리는 아직도
그리고 여전히

 순수한 노력과 자기 착취의 차이는 무엇인가에 대해 늘어놓다가도 결국에는 이상형이 어떻고 이번 크리스마스에는 누가 먼저 솔로를 탈출할 것인가 목청을 높이는 우리. 다가올 아침을 두려워하면서도 이 밤의 끝을 아쉬워하는 우리는 아직 젊다. 결국, 남는 것이라고는 신기루 끝의 허무일지라도 우리는 다시 달콤한 꿈을 꿀 것이다.

 그것이 우리가 버거운 이 세대를 농담처럼 지나는 하나의 방법이니까.

비겁한 나이

일곱 번 넘어지기도 전에 여덟 번 일어서겠다던
어린 날의 다짐은 어설픈 흔적만이 남아서
넘어진 자리에서 나름의 합리를 찾고

앞서 걷는 이들에게 보냈던 존경의 시선은
타오르는 시기에 사그라져버리고

곁에 있는 이들의 눈물을 닦아주겠다던
두 손은 굳은 팔짱을 풀 줄 모르고

누군가의 불행 앞에서 함께 울다가도
돌아서서 자기 위안을 찾게 되는

나는 지금, 어른이라는 이름으로
비겁한 나이를 지나고 있다.

그녀가
전시를 보는 방법

 있죠. 나 이전에는 미술관에서 30분 이상을 못 있었어요. 미술도 전시도 좋아하지만 어쩐지 그리 오랜 시간이 필요한 것처럼은 안 느껴졌거든요. 화살표를 따라가면서 앞선 사람들이 한참을 머물고 있으면 괜히 급해지는 마음에, 사실 몇 작품은 건너뛰기도 했어요. 아, 돌아가기 전에는 다시 보기도 했고요. 그래도 도통 이해가 되지 않더라고요.

 조금도 달라지지 않는 그림 앞에서 한참을 머물다 가던 사람들. 그들의 눈엔 제게 보이지 않는 무언가가 있는 걸까, 궁금했어요. 그래서 조금만 더 인내심을 갖고 그들 곁에 머물렀죠.

그때 내가 발견한 건 액자 속이 아닌 밖에 있었어요. 매끈한 유리에 비친 그들의 얼굴은 고요한 바다 같았다가도 별안간 파도가 몰아쳤어요. 그러다 다시 언제 그랬냐는 듯 잠잠한 얼굴로 몇 걸음 옮기다 다시 멈춰 선 얼굴들.

눈앞의 장면이 달라지기 시작하는 건
그 안이 아닌 내 안에 담긴 것들이
요동치는 순간이다.

그들을 보며 생각했어요. 그때부터 난 더 자주 더 오래 멈춰 섰어요. 누군가는 그런 내가 성가셨겠지만, 또 누군가는 유리에 비친 제 심연의 바다를 발견했을지도 모를 일이죠. 오늘은 이 앞에서 이걸 느꼈어요.

슬픔은 고요한 다짐을 분노는 중대한 결단을

상처는 깊은 깨달음으로 이어질 수 있겠다.

 네, 맞아요. 사실은 이 앞이 아니었어도 마찬가지였겠죠. 오늘 밖을 나서면서 가져온 생각이거든요.

그녀가
음악을 듣는 방법

 누군가와 친해지려면 좋아하는 노래를 공유하란 말이 있더라고요. 아무래도 마음을 풀어주는 데 음악만 한 게 없으니까요. 그러고 보니 제 주변에도 좋아하는 노래가 같아서 콧노래를 흥얼거리듯 자연스럽게 눈을 맞추고 손을 잡게 됐다는 사람들이 꽤 있던 것 같아요. 저와는 상관없는 이야기처럼 들리긴 했지만요.

 글쎄요, 잘 모르겠어요. 다른 건 몰라도 노래를 나눈다는 일이 조금 어려워요. 나에게 노래는 '함께 듣는'보다는 '혼자서 듣는'이란 수식어가 붙을 때 더 외롭지 않았거든요. 어릴 적에 목 놓아 불렀던 만화영화 주제곡, 학창 시절에 열광했던 그 시절의 유행가, 더 자라서는 은밀한 취향처럼 보이지만 공공연하게 알려진 노래들이 제게는 그저 들려오는 것에 불과했어요.

들겠다는 의지 없이도 멋대로 귓가에 머물던 노래들을 익히는 건 쉬웠어요. 나도 모르게 흥얼거린 적도 있지만, 그럴 때면 마음이 서늘해지곤 했어요. 마음을 내준 적 없는 노래를 무표정하게 부르고 있는 제 자신이 낯설게 느껴졌거든요.

하지만 듣는 것은 들리는 것과 달랐어요. 우연히 들려온 것들 가운데 필연적으로 붙잡아 듣는 노래들이 있다는 건 든든한 일이더라고요. 사실 대단한 것은 없어요. 주목할 만한 인기나 서사가 없다는 것 외에는 어떤 공통점도 없는 노래들이죠. 가슴을 두근거리게 하는 빠른 템포도 머릿속을 헤집어놓는 도무지 뜻을 알 수 없는 단어도 없이 그저 말하듯 노래하는 목소리가 전부인 노래들이에요. 조금한 심심하게 들릴지도 모를 그

노래들이 나는 좋더라고요, 좋았어요.

혼자인 시간에 혼자인 공간에서 힘을 뺀 목소리들이 그네를 타듯 건네주는 노랫말에 자주 웃었고 이따금 울었어요. 밖에서 많은 말을 하고 돌아왔지만 대화는 없었다고 느껴지는 날에는 마음대로 노랫말을 이어보기도 했어요. 그러다가도 마음이 바뀌면 입을 닫았고 노래를 멈추었죠.

그리하여 고요해지는 공간, 비워진 마음의 문을 마음대로 열고 찾아오는 법이 없는 노래들.

내가 듣는 노래들은 언제나 내가 필요로 할 때 적당한 말들을 건네고 사라질 뿐이에요. 우리 사이에는 간격이 있고 오래 들어왔어도 외우고 있는 노랫말과 멜로디에는 여전히 자신이 없어요. 희미한 잔음과 부드러움이란 감각만이 기억나고 제목조차 잊어버릴 때도 있죠.

그걸 좋아한다고 말할 수 있을까요, 하고 사람들이 내게 물으면 그걸 좋아한다고 말할 수 없을까요, 하고 내가 답하죠. 부러 싱거운 표정을 지으면 대화는 조금씩 시들시들해지기 시작하고, 나는 삼킨 말들을 그러안고서 가만하고 형체 없는 목소리를 찾아요.

내게 음악을 듣는, 아니 찾아가는 여정은 처음부터 끝까지 혼자서예요.

그녀가
드라마를 보는 방법

서사를 선택할 때 중요한 건 언제나 사람을 읽는 시선이에요. 서사 속 인물들이 얼마나 근사하게 비춰지는지가 아니라 어디를 향해 가고 있는지가 중요해요. 오늘의 아름다움과 명성은 〈다음 이 시간에〉 얼마든지 무너져 내릴 수 있고 서사는 멈추지 않고 계속해서 흐를 테니까요. 최종회에 다다를 때까지. 아니, 어쩌면 〈지금까지 시청해주셔서 감사합니다〉를 시작으로 보이지 않는 어디에선가 그들의 삶이 계속되고 있을지도 모르죠.

흉내 낸 것에 불과하다 하여도 분명 삶과 닮아 있는 서사를 그저 즐겁기 위해서만 바라볼 수가 없어요. 나와는 조금도 닮지 않은 인물들에게 나의 이름을 부르고 싶어질 때가 많거든요. 이따금 그들이 입는 옷의 촉감을 느끼고 먹는 음식의 냄새를 맡고 대사 밖의 말을 듣기도 하죠.

필요한 눈물과 겪어야만 했던 굴곡의 서사는 그들과 나를 다시 웃게 하고 조금 더 단단하게 생을 지탱하게 한다는 걸 알아요. 그러나 통곡과 절망만을 위한 함정과 지나치게 절정에 함몰된 서사는 그 자체로 숭고한 삶을 비웃는 것만 같아서 마음이 서글퍼져요.

제가 지나치게 진지한가요, 재미없고 싱거운 사람처럼 보일 테죠. 아무렴 상관없어요.

눈을 감고도 장면을 읽고 귀를 닫고도 수많은 이야기를 듣는, 서사를 만드는 사람은 서사에 깃든 시선에 매여 있을 수밖에 없어요. 옅은 사랑과 일말의 희망도 없는 서사를 마음에 들일 수가 없어요.

비의 대화

익숙한 거리에 비가 오면 새로운 마음이 들어. 무엇이든 용서할 수 있을 것 같은 기분이야.

비가 오는 날, 그녀와의 대화는 이렇게 시작된다. 되묻게 되는 이야기로 운을 떼는 그녀를 바라보는 일. 부스스한 머리칼, 습한 기운에도 잔향이 남은 플로럴 향, 단정하게 정리된 손끝으로 탁탁 테이블을 치는 습관. 늘 같은 그녀지만 어딘가 다른 그녀를 바라보는 일은 비 오는 날에 대한 그의 태도를 바꿔놓았다. 성가신 것을 질색하던 그가 작은 우산에 한쪽 어깨를 기꺼이 양보하고 서늘한 냉방 아래서 덜덜 떨며 마시는 뜨거운 차 한 잔의 위안을 알 게 된 건 모두 그녀 때문이었다.

어디서나 총명하게 반짝이던 그녀의 두 눈이 어딘가 힘을 잃어가는 듯해 보일 때나, 언제나 꼿꼿하던 그녀의 실루엣이 조금씩 흐트러지기 시작할 때면 후두둑, 비가 내리기 시작했다. 전후 상황이 바뀌었을 가능성이 컸지만 그의 눈엔 그렇게 보였다. 그녀의 무언가가 맑은 하늘에 잿빛을 데려오는 것 같았다. 비가 내릴 때의 그녀는 어딘가 슬퍼 보이기도 했지만 편안해 보였다. 마치 이전의 그녀는 그녀가 아닌 것만 같은 착각이 들 정도로 그녀는 그녀로서 온전해 보였다.

그는 그런 그녀를 보는 것이 좋았다. 마주한 테이블 사이의 간격을 사랑했다. 그녀의 부스스한 머리칼을, 습기를 품은 플로럴 향을, 그녀의 단정한 손톱이 테이블 위로 탁탁거리는 리듬을, 무엇보다 그들의 침묵을 사랑했다.

와이퍼가 느릿느릿 빗물을 지워내던 차 안에서도, 갑자기 쏟아지는 비를 피해 뛰어든 버스 정류장에서도 공기 중 잡음을 헤치고 들려오는 그녀의 이야기. 비 오는 날, 그녀의 문장은 언제나 그에게 새로운 물음표를 던져주었다. 물음이 많은 그였지만 비가 오는 날 만큼은 되묻지 않았다. 다만 침묵했다. 가만히 그녀의 머리칼 끝에 달린 빗방울이 어깨 위로 톡톡 떨어지는 것을 보았을 뿐이다. 그들의 침묵은 자리를 뜨기 전까지 몇 문장들을 사이로 드문드문 이어졌다. 그 누구도 쉽사리 그 침묵을 깨는 법은 없었다.

그들은 잘 알고 있었다. 어떤 물음도, 맞장구도 그들에게는 필요하지 않다는 것을.

무게를
견디는 일

　아무런 고생을 모르고 밝게 잘 자란 사람 같아요, 누군가 내게 남긴 그 말에 왜 이상한 오기가 생겼는지 모르겠다. 어쩌면 궁금했는지도 모르겠다. 고생을 모르는 사람들은 정말 밝을까? 아무래도 덜 어두우려나. 그럴 수 있겠다. 그보다, 고생을 모르고 밝다는 게 잘 자란 것이라면 고생을 알고 어둡게 자란 사람들은 어떻게 자란 것일까. 그건 그도 모를 거란 생각이 들어 묻지는 않았다.

　호의를 품은 이야기였다. 구김이 없어 보이고 사교적으로 보인다는 말의 다른 표현이었을 것이다. 가볍게 건넸을 이야기를 가볍게 넘기지 못했던 건 나의 심연에 숨겨진 무게 때문이었다. 그저 지나쳐 버릴 수도 있었을 얼굴을 한참이나 붙들고 긴 이야기를 쏟아야 했다.

  나는 고생을 알았지만 그럼에도 밝게 자란 사람이었다. 잘 자랐는지는— 글쎄, 내가 알 수 있는 부분이 아니다. 그저 나는, 내 무게를 위태롭게 지니면서도 웃을 수 있는 사람이었다. 내 웃음은 진짜였다. 위험천만한 묘기를 부리면서 지어 보이는 위태로운 미소와는 다른 것이었다.
  나는 나를 조금 더 그럴듯하게 혹은 덜 초라하게 보이기 위해 보태거나 더는 법을 몰랐다. 그저 감정에 따라서 웃음이 나면 웃고 울음이 나면 우는 사람이었다. 조금은 변덕스럽게 보였을지도 모를 일이지만.
  상처가 무겁게 짓누를 때면 눈물이 핑 돌며 휘청거리기도 했고 때로는 와르르 무너져 버린 것들 앞에서 목 놓아 울어 젖히기도 했다. 그러나 언제부턴가 그 무게 때문에 웃는 날들이 거짓말처럼 찾아왔다.

 시간이 갈수록 짙어진 문제들 위로 한 겹 두 겹 새로운 문제들이 놓이기 시작했다. 넘어지지 않기 위해서는 조금 더 긴 시간이 필요했다. 줄타기를 하듯 위태롭던 시간이 지나고 나니 놀랍게도 어제의 문제는 오늘의 문제를 잡아주는 역할을 하기 시작했다. 자라난 무게는 나를 더 무겁게 짓누르기도 했지만 서로에게 완충의 역할을 해주었다. 나는 조금씩 단단해져 갔다. 휘청거리거나 넘어지는 일은 줄었고 나의 걸음과 표정은 분명해져갔다.

 땅에 박혔던 시선을 거두고 앞을 보며 걷기 시작하니 나와 닮은 사람들을 하나둘 만나게 되었다. 한없이 가벼워 보이는 표정 뒤로 짙어진 각자의 무게들이 보였다. 누군가 아픈 사람의 마음은 앓아본 사람만이 안다고 했던가. 무게를 견디는 일도 마찬가지다. 무거운 마음을 숨긴 채 애써지어 보이는 웃음은 언젠가 같은 얼굴을 했던 이들만이 알아챌 수 있다.

　물론 처음에는 누구도 쉽게 등을 보일 수 없었다. 가벼운 웃음 뒤에 숨겨진 무게를 꺼내 보이는 일은 누구든 어려웠다. 그건 마주한 상대에게 패를 보이는 것만큼, 어쩌면 그보다 더 위험한 일이기 때문이었다. 어렵게 꺼내 보인 무게에 누군가 상처 하나를 더 얹고 조용히 사라질지도 모를 일이다. 이것은 입 한 번 시원히 게워내고 한 판 더, 를 외칠 수 없는 우리의 삶이었다.

　그럼에도 먼저 무릎을 굽히고 무게를 보인 건 나였다. 굽은 등으로 거짓 없는 웃음을 보이고 더 많은 눈물을 받아낸 것도 나였다. 그렇게 나는 닮은 구석 하나 없이도 내게 거울 같던 이들에게 다가갔다. 그러자 오래 지나지 않아 그들은 나를 통해 자신을 들여다보기 시작했다. 비로소 나는 그들과 하나의 교집합을 발견할 수 있었다.

　교집합은 그들과 나를 우리라는 이름으로 묶어주었다. 우리는 각자가 견뎌온 무게가 나만의 것이 아닌 누군가의 것일 수도 있다는 사실에 어깨 위가 한결 가벼워지는 걸 느꼈고 더 자주 웃게 되었다. 우리는 삶의 무게를 두고 달아나 버리는 것 대신 더욱 묵직한 걸음을 떼기로 했다. 조금 느릴지라도 서두르지 않고 조금 버거울지라도 결코 포기하지 않고.

이야기를 마치자, 마주한 이의 가슴에 파도가 일렁이는 걸 느꼈고 나는 그에게서 거울을 발견하게 되리란 걸 알았다.

아픈 날에는
혼잣말만 는다

 다가오는 시선에도 꾹꾹 누를 줄만 알았지, 뱉을 줄을 몰라서 갇힌 문장들은 페이지 빼곡히 채워진 낙서처럼 두서없이 춤을 추는데, 열에 들뜬 입술 사이로 하나둘 새어나가고 나면 내일은 훌훌 가벼울 것도 같아서 종일 천장만 보는 내게 종이 한 장을 쥐여주게 돼.

벽에는
문

문은 벽에다 내는 것이다.
— 비노바바베(1895-1982)

지금 내가 만난 벽에 어떤 문을 낼 수 있을지.
그 문 너머엔 어떤 세계가 펼쳐질지.

축복이라 생각하기로 했어.
나는 그래, 너는 어때.

라떼 한 잔

무심히 비워낸 커피 잔 아래 그대로 남겨진 라떼아트를 보니 그날의 장면이 떠올랐다. 나는 그때 뜨거운 바닐라라떼 위에 얹어진 하트 모양을 망설임 없이 휘휘 저어버렸고 그는 그런 나를 놀란 눈으로 바라보았다.

어차피 마시다 보면 망가질 거야. 밉게 일그러지는 것보다 이게 나아.

조금씩 천천히 마시면 오래 볼 수 있어. 예쁘잖아, 따듯하고.

조금 머쓱해져 변명처럼 둘러대던 나에게 나직하게 들려오던 그의 대답. 그 입가에 얹어진 가벼운 미소. 그 뒤로 우리는 무슨 말을 이어갔고 그는 어떤 표정을 지었는지. 대수롭지 않게 잊어버렸던 장면이 고작 라떼 한 잔에 불쑥 나를 찾아온다.

그때 우리도 그렇게 조금씩 천천히 다가가고 멈춰 섰다면 달랐을까. 그럴 수 있었다면 우리의 뒷모습도 조금은 덜 일그러졌을까. 겨우라고 생각했던 장면들에서 그날에는 결코 읽을 수 없던 우리가 보이기 시작했다.

흐르는 모든 것을
애정해

고여 있는 것보다는 흐르는 것. 명확한 것보다는 어딘가 모호한 경계에 서 있는 것. 굳게 박힌 것보다는 위태롭게 춤을 추는 것에게 마음을 빼앗기는 게 왜 아직 어려서인가요. 나는 어제보다 오늘 더 그것들이 좋은 걸요.

그녀의
마일리지

결코 단순하지 않은 계산을 해야 하는 현실을 마주한 이후 그녀는 더 자주 극장을 찾게 되었다고 했다. 한 두어 시간쯤 허구 속에 빠져서 현실을 깜빡 잊어야만 다시 현실적인 현실이 살아진다고. 그렇게라도 해야만 잊고 싶지 않은 것을 기억해내고 놓치고 싶지 않은 것들을 쥘 수 있다는 그녀. 그렇게 무너지는 마음으로 극장을 찾는다고 했다. 낭만이란 것에서 멀어지고 싶지 않기에 매표소 앞에 선다고. 그것이 그녀에게 가장 행복한 지불이며 유일한 부유라고.

그녀의 몫으로 놓인 마일리지를 읊으며 사용하시겠냐는 물음에는 괜찮아요, 언제나 같은 대답. 끼니를 놓쳐버린 그녀였지만 그 순간만큼은 그 누구보다도 배부른 마음으로 입장시간을 기다린다고 했다. 들뜬 표정의 사람들 사이로 퍼지는 고소한 향을 맡으며 몇 번이고 들여다 본다는 그녀의 마일리지. 그녀를 언제든 다른 세상으로 떠나보내줄 것만 같은 마일리지.

검은 호수

 검은 호수를 바라보던 그 눈동자는 내가 모르는 길을 가르쳐 줄 것만 같았다. 그해 여름, 어둠이 드리워진 호수를 찾던 그에게 나는 물었다.

왜 늘 밤이냐고.
 한낮에 자전거를 함께 타자고 해도, 도시락을 챙겨서 피크닉을 떠나자고 해도 언제나 시큰둥했던 그가 종종 호수를 찾을 때는 언제나 짙은 밤이었다. 겨우 몇 걸음 앞만이 보일 정도의 칠흑. 그 안에서 그가 바라보던 건 잔물결조차 없는 요지부동의 검은 호수. 그 위로 흩어지던 작은 불빛들.

검은 호수 같더라고. 세상 아름다운 것들이. 전부 검은 호수 같은 거였어. 고요하게 반짝이는 그 모든 건 잠시였던 거야. 다시 날이 밝아오면 숨길 수 없어져. 그 안에 아무렇게나 버려진 쓰레기들, 깊이 잠긴 오물들 -

 그때는 알 수 없었다. 검은 호숫가에 서서 팔짱을 끼고 있던 그가 쓸쓸했고 그의 말이 서글펐을 뿐이다. 어쩌다 그는 아름다운 것을 보고도 아름답다는 말로는 맺지 못하게 되었을까. 무엇이 그를 의심 속으로 어둠 속에 숨게 만들었을까. 알 수 없는 호기심과 그를 지켜내겠단 사명감만이 솟던 밤이었다. 그때는 알지 못했다. 그 까만 눈동자가 품은 길을.

소울메이트

 가만히 지난 기억들을 타고 올라서면 내 옆에는 늘 네가 앉아있다. 우리는 함께 계절의 바퀴를 빠르게 혹은 느리게 구르면서 어떤 것은 놓쳤고 어떤 것은 붙들었다.

 그렇게 조금 더 자랄 수 있었고 울음을 멈추는 법도 배웠다. 늘 곁에 머무는 것보다 나눠 가진 조각을 잃지 않는 것이 중요하다는 것을 알려준 너는 나의.

단짝들

　같은 시간에 같은 자리에서 같은 이야기를 주고받던 우리였는데, 계절은 무심히도 흘러 너는 저기로 나는 여기로.

　이제는 한자리에 모이기를 작정하지 않으면 만나기 어려워졌고 같은 시간 속에서도 서로 다른 내일을 품는 우리지만 시콜콜한 이야기에도 여전히 두 눈을 반짝이고, 내 일에도 네 일처럼 눈시울을 붉히며 다가와 깊숙이 안아주는 품을 보니, 그래도 우리는 우리.

그녀의
간격

 사람들을 좋아하고 사람들이 좋아하는 그녀지만 만남은 하루에 한번으로 정해둔 것이 그녀만의 간격이라고 했다. 작업이 시작되면 꼼짝도 안하는 탓에 마감을 하고 나면 밀려드는 약속이 이제는 당연한 패턴이 되어버렸다는 그녀. 반가운 연락들에 행복해지기도 잠시, 월 화 수 목 금 토 일, 일주일에 일곱 얼굴과 손가락을 걸고 나면 다음을 기약해야 하는 그녀는 야속한 사람이 되고 만다고 했다. 그럼에도 그녀는 간격을 줄일 수가 없다고 했다.
 그녀에게 누군가를 만난다는 건 그간 마주하지 못한 사이의 삶을 슬쩍 들춰보는 경험. 그 만남의 공백이 길어질수록 들춰봐야 하는 범위도 깊이도 무궁해진다고 했다. 만나기 전의 기다림과 헤어지고 난 후의 아쉬움까지, 하루를 온전히 내주어야만 그 만남이 온전해질 수 있다고. 그것이 느리지만 깊은 그녀만의 소화라고 했다.

  언젠가 그리운 얼굴들을 미룰 길 없어, 이어달리기를 하듯 사람들을 만났던 그녀는 혼란스러워졌다고 했다. 가볍게 날려 보낸 이야기와 쉬이 꺼내지 못했던 이야기는 뒤죽박죽이 되어 다시 곱씹어 볼 새도 없이 흘러가 버렸다고.
  반가운 얼굴들에 배부르기도 잠시. 체한 마음을 달랠 길이 없어 다시 쏟아내고 흩어진 퍼즐 조각들을 맞춰보다, 그렇게 공허한 새벽을 맞이했다고.

서울역
버스 환승센터

　모자를 푹 눌러쓰고 간신히 눈물을 삼켜내던 참이었는데 문득 고갤 드니 저 멀리 우는 당신이 보였어. 모자를 벗어 당신에게 씌워줬지. 무례한 줄도 모르고. 당신은 불쾌한 기색도 없이 어색하게 얹어진 모자를 다시 한번 푹 눌러쓰고는 들썩이기 시작했어. 그 모습에 이윽고 참았던 눈물이 쏟아졌고 걷잡을 수 없는 감정은 그대로 놓아버리기로 했지.

　놓쳐버린 시간 끝에 머물기를 반복할 때면 줄지어선 캄캄한 버스들이 무섭기만 했는데, 그 순간만큼은 우리를 안아주는 견고한 담 같았어. 낮도 잘 보이지 않던 당신과 내가 우리일 수 있다니. 우리라는 이름 때문이었을까. 말 한마디 손길 한 번 없이도 위로를 느꼈어. 모두가 나에게 무심한대도 모두가 당신을 거부한대도 당신과 나, 우리만큼은 서로의 곁에 남아줄 수도 있지 않을까. 말도 안 되는 생각마저 들었지.

얼마가 지났을까. 신 새벽이 어둠을 몰아내고 캄캄한 버스에도 불이 밝혀지기 시작하자 약속이라도 한 듯 우린 자리를 털고 일어섰어. 그러고는 그 길을 다시, 천천히 걸어보기로 했지. 부끄러움도 노여움도 잊고서 오직 새 다짐으로만.

삶이라는 서사

그렇다니까. 내 삶은 왜 이렇게 고단한 건지. 뭐가 이렇게 하나도 안 맞는지. 자꾸만 어긋나. 모두가 이렇게 사는 걸까.

결코 투정이 아니었다. 지금 내 앞에 앉아, 상한 머리카락 끝을 뚝뚝 끊어내고 있는 저 애의 삶을 나는 모르지 않는다. 고단이라는 두 음절은 저 애의 복잡하고 치사스러운 삶을 너무 단순화시켜 버리는지도 모른다. 저 애의 삶을 뚝 떼어다 다른 이에게 덧씌워 볼 수 있다면 그 누가 주어진 삶이려니 담담히 삼켜낼 수 있을까. 적어도 바나나 우유갑을 콱 밟으며 입을 앙다문 저 애보다는 적극적으로 항의했을 것이다. 몇 번이나 떠나기를 작정하고 미뤄야 했던 자신에게 아무 거리낌도 없이 계절마다 기념품을 전해주던 하얗고 기다란 손가락에, 예고도 없이 그녀의 낡은 통장을 야금야금 갉아먹던 수많은 명분들에, 이 모든 게 아무렇지 않다는 듯한 표정으로 매일 집을 나서던 자기 자신에게.

저 애에게 도대체 무슨 말을 할 수 있을까. 예고 없이 쏟아지는 그 삶 앞에서 나는 늘 위로도 잊은 채 애먼 손끝만 매만졌을 뿐이다. 그럴 때면 저 애는 어디론가 가버렸다. 입을 꼭 잠근 나를 원망하며 떠나버린 건 아닐까 싫어질 때 돌아왔다. 퉁퉁 부은 눈과는 어울리지 않게 입꼬리를 한껏 올리며 다 잊었다는 듯 시시콜콜한 이야기를 시작했다. 어색하고 죄스러운 감정도 잠시, 나 역시 명랑해진 목소리로 저 애의 앞에서 함께 우스갯소리를 이어나갔다.

그럼에도 서글펐던 그 얼굴은 종종 아무렇지

않은 듯이 웃어 보이는 얼굴에 겹쳐 보였다. 그럴 때면 두려워졌다. 시간을 되돌린다고 하여도 내게 저 애의 슬픔을 잠재울 만한 위로가 있을지 의심스러웠고 여전히 그 어떤 말도 건네지 못한다면 저 애와 내 사이에는 돌이킬 수 없는 골이 생기지 않을까 싶었기 때문이다.

내 두려움과는 달리, 저 애는 나에게 별다른 위로를 바라는 것 같지 않았다. 이따금 벼랑 끝에 내몰릴 때면 저 애는 조용히 나를 찾아왔을 뿐이다. 천천히 시작되어 마침내 작은 흐느낌으로 이어지는 저 애의 이야기는 내게 언제나 내재한 동질감을 느끼게 했다. 어딘가 닮아 있는 감정이, 문제들이 있었다. 그럼에도 입술을 열어서 저 애의 절망을 끊어낼 자신이 없었다. 가만히 울분을 받아주고 이따금씩 손을 잡아주는 것이 전부였다. 그렇게 맞잡은 두 손에 힘을 꼭 쥐고는 눈물을 털어내던 것이 우리의 순서였다.

나만 이렇게 힘든 거냐고. 너는 안 그래?
그렇게 글이나 쓰며 사는 거 불안하지 않냐고.

무언의 동조가 아닌 답을 구하는 외침은 처음이었다. 너무도 예외적이었기에 나만큼이나 저 스스로를 당황하게 했을지도 모른다. 저 애는 더 이상 맞잡은 두 손과 침묵을 원하지 않는다. 그 저 붉은 두 눈을 하고선 내 입술 사이로 무엇이라도 흘러 나오기를 바라고 있을 뿐이다. 그 무엇이 자신과 나를 묶어주기를, 제 삶이 아닌 그 어디에서도 찾을 수 없던 비애를 다른 누군가의 삶에서 만나기를 바라는 것처럼 보였다.

현실에 무너지지 않으려 애를 썼지만 녹록하지 않은 삶은 내게도 마찬가지이다. 세상은 긴 시간 씨름하며 낳은 몇 줄의 문장 따위엔 후한 값을 주지 않는다. 그런데도 배부른 이야기를 쓰겠다며 볕도 들지 않는 자리에 앉아 긴 세월을 보냈던 적이 있었다. 외줄을 타는 심정으로 살아내던 시절이 내게도 있었다. 그럼에도 쉽게 털어내지 못 했던 건 삶이기 때문이었다.

나에게 볕들지 않는 공간과 허기는 해결할 수 있는 문제가 아니었다. 아주 오랜 시간 머물고 스며든 삶의 일부였다. 그에 대한 고독을 뱉어버리고 나면 내가 부정되고 사라질 것만 같았다. 입을 꾹 닫을 수밖에 없던 것은 용기가 부족해서가 아니었다. 나를 지키기 위한 필사였다. 그러나 지금 이 순간만큼은 나의 필사가 이기심에 불과하다는 걸 깨달았다.

나도 그래. 막막해, 두렵고 답답해. 그래도 있잖아, 어쩌면 지금이 그저 우리 삶의 위기일지도 몰라. 그래서 조금 더 가보고 싶어.

눈물이 그렁한 저 애의 두 눈에서 한 사내가 떠올랐다. 하얀 새벽까지 나를 하얀 모니터 앞에 앉혀두고 애를 먹이던 한 사내. 자기연민에 가득 차 두 눈을 감은 채 그에게 주어질 실낱같은 희망을 져버리던 그 가엾은 사내가.

위기?
 그래, 위기.
그러니까 더는, 위기 안에서 못 살겠다는 거야.
정말 나는….

 처음으로 두려움이 아닌 새로운 감정을 느꼈다. 내가 가진 언어로 그 무엇이든 전해야겠다는 생각이 들었다. 그 이야기가 저 애의 눈물이 아닌 마음을 닦아줄 수 있기를 바랐다.

 지금 이 순간이 그저 우리 삶이란 서사의 위기일지 모른다는 거야. 발단, 전개, 위기, 절정, 결말. 내가 쓰는 이야기에도 위기가 있어. 그 삶을 모조리 휩쓸어버릴 것만 같은 페이지들이지. 그 안에서 얼마나 많은 얼굴이 절망에 사로잡히는지. 위기에 삶을 잡아먹힌 채 영영 그 시간이 끝나지 않을까 두려워해. 모두가 우리처럼. 그러나 나는 알아. 착실히 몇 페이지를 채워 나가고 나면 그들에게 넘겨주었던 시련에도 끝내 끝이 있을 것이고 새로운 절정이 시작되리라는 것을. 내가 그들의 삶을 쓰고 있으니까. 그들을 위기에 빠트려 놓은 건 나지만, 누구보다도 그들의 삶을 소중히 생각해. 그들에게 서사를 부여한 게 나니까. 끝까지 그들의 삶을 지켜낼 거야. 마침내 몇 줄의 결말만이 남겨지겠지.

    이야기를 마치고도 얼마의 침묵이 지나서야 저 애의 흐느낌이 잦아들었다. 나는 천천히 고개를 드는 저 애에게로 간다. 이 애는 가만히 나를 슥, 바라볼 뿐 아무런 말도 하지 않는다. 내게도 더는 다른 말이 남아 있지 않다. 우리는 그저 가로등 아래 길게 늘어진 그림자만 바라볼 뿐이다.

여고시절

　공부가 싫지 않았다. 아무것도 묻지 않으면서 답하지 않는다는 선생들이 싫었다. 무거운 책들을 짊어지는 건 아무래도 괜찮았다. 문제집 밖에서도 몰아치던 문제들에 꽉 눌린 마음은 달랠 길이 없었다. 아무리 풀어도 채워지지 않던 머리보다 배불리 먹어도 채워지지 않던 허기에 마음이 쓰였던 나는 그저 어린 학생이었다.
　이제는 누구도 묻지 않는 꿈이라는 게 맨 뒷자리에서 꾸벅꾸벅 졸고 있는 녀석에게는 있을 리 없다는 확신이 아팠다. 종종 이름을 잊어버리던 낡은 기억력이 서운했고 우리라는 품보다도 너희라는 구분이 외로웠다.

아침 9시부터 밤 9시. 꼬박 열두 시간을 앉아 있으면서도 우리는 온종일 서있던 나무들보다도 위태로웠다. 픽픽 쓰러지던 녀석의 병명은 운동장 먼지 섭취 부족. 창백한 얼굴로 종일 형광등과 씨름하던 우리는 작은 벌레들처럼 날개가 있어도 멀리 날지 못했다. 선선한 바람을 맞으며 어린 잎사귀들이 춤추는 소리에 잠시 두 눈을 감아 볼 수 있던 건 언제나 푸른 새벽 혹은 짙은 밤이었다.

매일 밤, 늦은 걸음을 떼면서도 나는 시인이 되고 싶었다. 선생들은 그저 웃었고 더러는 침묵했다. 멀거니 가느다란 눈으로 저 어린 것은 아직 세상을 모르는구나, 하는 것 같았다. 그 어린 것은 그대로 이불 속에 엎어져서 소리도 없이 눈물을 흘렸는데. 그 눈물 값이 버거워질 때면 이불을 헤집고 나와 불을 켜고 펜을 들어야 했다. 작은 눈물 방울이 종이를 울려대면 이를 악물고 한 줄 한 줄 써내려가며 달래야 했다.

작고 연약했던 등과 조금은 불안했던 나의 여고 시절과 그 곁에 놓인 작은 노트가 더는 번지지 않도록.

•

 무슨 말을 어디서부터 해야 할까. 그러니까 이건 그녀의 아버지에 관한 이야기이다. 길지 않은 삶 가운데 제법 녹록하지 않은 삶을 살았노라고 자신했던, 여느 자식들과 달리 일찍 철이 들어버린 자신을 스스로 애처로워하던 그녀가 미처 몰랐던, 가슴에 총알을 안은 채 살아가야 했던 그 사나이에 관한 이야기.

역시 잘 어울리네. 단추는 끝까지 채우지 않아도 돼. 요즘은 그 정도는 풀어 두어도 괜찮다더라.

크고 단단한 손이 그녀의 어깨 위에 내려앉은 먼지를 정성스럽게 쓸어내리며 말했다. 그는 연신 다정한 얼굴로 그녀의 내일에 힘을 돋아주고자 했다. 그녀 역시 짐짓 장난기 섞인 표정으로 그의 응원에 화답했지만 어쩐지 쓸쓸해지는 마음은 감출 길이 없었다. 돌아서서 옷을 갈아입으려는 그녀의 귀에 점점 멀어지는 그의 목소리가 들렸다. 제 속으로 낳았지만 참 잘 자라주지 않았느냐며, 낯선 얼굴 앞에서 자랑스럽게 웃어 보이고 있을 얼굴은 보지 않아도 선명하게 떠올려 볼 수 있었다.

기분 좋은 목소리와 들뜬 공기에도 새겨울, 눈이 부시도록 새하얀 블라우스, 손이 베일 듯 빳빳한 깃은 그녀에게 여전히 새로운 출발보다도 갑작스러운 이별을 떠올리게 했다.

유난히도 춥던 열일곱의 겨울. 그녀는 익숙해진 교복을 벗고 목덜미가 서늘해지도록 차고 흰 새 블라우스 단추를 채워야 했다. 매일 아침 늦은 잠을 깨우고 종종거릴 때마다 차오르던 숨과 함께 하얗게 터져 나오던 입김은 그녀가 그 겨울에서 찾은 유일한 생의 의지였다. 익숙한 공간에서 발길을 거둔다는 것. 익숙한 얼굴에게 등을 돌려야 한다는 것. 내 지나온 삶을 기억하는 것들로부터 멀어져야 한다는 것은 언제나 어렵고 서글픈 일이었다. 이제 막 제 생각이라는 게 자라나기 시작한 그해 겨울은 더욱 그랬다.

겨우 몇 걸음이면 닿았던 학교를 떠나서 그녀가 입학한 여고는 세 대의 버스를 갈아타야만 빠듯하게 도착할 수 있었다. 이른 아침부터 시작된 긴 여정은 잠깐의 휴식이 되어주었지만 교문에서부터 교실까지 질질 늘어지던 걸음은 달리 재촉할 방법이 없었다. 조금의 가벼움도, 달가움도 없이 버텨내던 하루하루들이 이어졌지만, 그 끝에서 그녀를 반긴 것은 언제나 현관 앞 깜빡이는 센서등이 유일했다.

 그녀에게 그늘이 되어주던 건 언제나 그였다. 그는 할 수만 있다면 한참이나 모자라는 더 잠을 아껴서라도 등하교 시간에 맞춰 그녀를 태우고 달렸다. 커다란 운동장에 그녀를 내려놓은 뒤에는 늘 무거운 마음으로 돌아섰던 그였지만 그녀는 그런 그의 무게를 알지 못했다. 아니 모른 척하고 싶었는지도 모른다.

 그녀는 이따금씩 눈물 나도록 아픈 이별의 값을 나눠 갖게 한 그가 미웠다. 매일 아침 퉁퉁 부은 얼굴로 익숙하게 찌개를 덥히는 등짝이 미웠고 늦은 밤 꺼질 줄 모르는 그녀의 방으로 발소리를 죽인 채 찾아오던 걱정 어린 시선이 미웠다. 말수가 적어진 그녀를 가만히 기다려주던 그가 그녀는 정말, 미워할 수 없어 미웠다.

 그러나 시간이 지나자 미움들도 조금씩 무뎌지기 시작했다. 날마다 새로운 감정을 데려올 줄로만 알았던 텅 빈 이별의 자리도 매일 같이 반복되던 일상에 그 자리를 내어주었고 삐거덕거리던 관계도 고요히 제 리듬을 찾아가기 시작했다. 시간은 더 흘렀고 여전히 함께였으나 이제는 그가 없이도 그녀는 새로운 그늘을 찾을 수 있었다. 그들이 식구라는 이름으로 함께 짊어지고 내던졌던 유명의 것들은 차츰 희미해지기 시작했다.

그녀는 날마다 새로운 화제와 낯선 즐거움을 만나기 시작했다. 그녀는 이전보다 더 자주 웃고 울었다. 모두 그녀에 의한, 그녀를 위한, 그녀만의 것이었다. 그는 여전히 단단하고 높은 산이었지만 그녀는 그에게 더는 기대지 않게 되었다. 그녀가 알아가고 싶은 세계는 오래된 품이 아닌 현관 밖에 있었다. 세상을 향하여 성큼성큼 나아가는 그녀가 그의 눈에는 여전히 위태롭기만 했지만 그저 지켜봐야만 했다. 그 역시 이미 지나온 시절이었다 한들, 그녀와 그의 사이에는 결코 메울 수 없는 시간이 있음을 모르지 않기 때문이었다.

이따금씩 그늘이 필요해질 때면 그녀는 다시 뒷걸음질을 쳐 그에게 기댔다. 그는 그저 늘 같은 자리를 지키며 그녀를 기다렸다. 수많은 계절이 지났고 그들의 간격은 점점 더 늘어졌다. 그들 사이에는 이제 이해보다 인정이 더 익숙해져버렸다.

그러는 사이 그가 어렵게 쌓아 올렸던 것들은 조금씩 무너져가기 시작했다. 그가 안간힘을 쓰며 간신히 지켜내고 낸 그늘 아래에서 그녀는 하나둘 결실을 거두기 시작했다. 어느새 그녀는 작고 여린 생명이던 자신을 품에 안아들던 그의 나이가 되었다. 그의 삶은 그의 것보다도 그녀의 보호자로서 살아온 세월이 더 길었다.

작은 집에 머물면서 매일 스쳤던 그들은 서로의 시간을 지나며 결코 벗어날 수 없는 교집합을 그렸지만, 그것만으로는 부족했을까. 이해라는 것은 여전히 큰 숙제 같았다. 커다란 벽을 마주할 때면 함께 머릴 맞대기도했지만 그럴 때마다 분명해지던 것은 그들에게 이해란 여전히 쉽게 풀리지 않는 난제라는 사실이었다.

네 새 블라우스 맞추니까 그때 생각나네. 고등학교 교복 맞추러 갔던 날.

그토록 풀고 싶던 숙제의 실마리는 우연히 찾아왔다. 그녀의 입사를 기념하는 정장을 맞추고 집으로 돌아가는 길에서. 그녀가 앞서 회상하던 그 계절을 담담히 꺼내는 그의 입술 사이로.
그에게서 무슨 이야기를 듣게 될까, 그녀는 조금 두려워졌다. 이제는 담담해졌다 한들 여전히 쓸쓸하게 남겨진 계절, 그때를 가만히 거슬러 올라가면 작은방 안에 웅크리고 앉아, 그를 미워하던 그녀가 있음을 그는 알까.

그때 나도 그랬지만 네가 유난히 말랐었지. 네가 안쓰러워서 아빤 뭐든 먹이고 싶었는데.

그의 말처럼 그 겨울은 유난히 메말랐었다. 그도 그녀도 윤기 없이 마르고 건조한 낯이었다. 그는 매일 거울 앞에서 마주하던 빨간 두 눈의 사내는 안중에도 없이 작고 마른 제 딸만이 걱정이었다. 그래서 매일이 필사였다. 그녀의 눈이 제 빛을 찾을 수만 있다면 그는 무엇이든 할 작정이었다. 일상이 된 늦은 귀가와 부족한 잠을 줄이며 마주했던 새벽, 마른침 삼키며 익숙하게 국을 덥히던 등짝은 모두 그녀를 위한 그의 몸부림이었다. 그에게 돌아온 건 제 방문을 닫고 들어가서 나올 줄 모르던 그녀의 긴 침묵과 피로감을 떨쳐내지 못해 집중력을 잃어가는 그를 향한 따가운 시선들이었지만, 그는 상관하지 않았다.

그 겨울이 참 길었지. 웬만한 추위엔 끄떡없는 아빠도 그때는 참 춥더라. 어디서든 추웠어. 몸이 떨릴 정도로.

더 넓은 곳으로 향해 가는 그녀와 달리, 그는 갈수록 더 위태로워졌다고 했다. 해주고 싶은 것도 마음껏 가르치고 싶었던 것이 참 많았는데, 그러지 못했던 것들이 여전히 마음 한구석에 미안함으로 남아 있다고 했다. 가끔 그녀가 받아들고 오던 몇 장의 상장 앞에서 더 환하게 웃어 보이지 못했던 것에 다른 이유는 없었노라고.

그런 그의 곁에서 나는 무얼 했던가. 아무리 떠올려 보아도 그 시절의 그녀는 자기가 제일 아팠다. 제 연민에 빠져 있느라고 소리 없이 앓던 그를 돌아보지 못했단 생각이 들자, 그녀는 그를 가만히 보고만 있을 수 없었다. 그녀는 용기를 내어 그에게 손을 뻗었다. 그녀의 보드라운 손끝에 투박하고 거친 그의 손등이 느껴졌다. 울퉁불퉁한 뼈마디 사이에 몇 번이고 아물고 짓물렀을 상처가 보였다. 그녀가 아무리 뻗어도 닿을 수 없는 그의 세월이었다.

말없이 그 흔적들을 더듬다, 문득 그녀는 자신

의 하얗고 긴 손가락이 낯설게 느껴졌다. 작은 상처들과 그을린 자국, 굳은살이 촘촘한 바위 같은 그의 손을 나는 이리도 쉽게 닿아도 되는 것일까, 생각했을 때 그가 말했다.

 언젠가 네가 이렇게 아빠 손 꼭 잡고 좋은 날이 올 거라고 했던 것 기억나니? 참 힘든 날이었어. 이 가슴에 구멍이 몇 개나 나있었는지. 조금 더 버티겠다며 와보니까 정말 좋은 날이 왔네.

 그때가 언제였는지 기억나지 않았다. 다만 그의 모습이 여느 날과 달리 유난히 축 처져 있었던 것으로 기억했다. 그 모습이 자꾸만 마음에 쓰여 주변만 뱅뱅 돌다 겨우 용기 내 건넨 말이었을 것이다. 어린 딸이 건넨 뜻밖의 위로에 어색하게 웃어 보인 그였지만 그 얼굴 위로 작은 눈물 방울이 반짝였던 것도 같았다.
 그날은 그가 회사로부터 벌써 몇 번째인지 모를 총알을 받아내던 날이라고 했다. 이제야 미련

없이 큼지막한 글자를 써놓은 하얀 봉투를 던지게 된 그지만 그렇게 되기까지 얼마나 자주 불안과 안도 사이를 오가야 했을지, 그녀는 알 수 없었다.

어디서든 아쉬울 것 없이 제 능력대로 인정받던 그였지만 그해, 겨울이 온 뒤에는 많은 것들이 변해갔다. 곳곳에 그의 손 닿아야 하는 것과 홀로 감내해야 하는 것이 많았다. 어떻게든 해보겠다며 애를 쓰는 그의 앞에 어쩔 도리가 없는 상황들은 끊이지 않았다. 아픈 딸을 동네 작은 병원에 눕혀두고는 다시 돌아가야만 했던 하얗게 질려버린 여름이 있었고 일정한 주기를 그리며 예민해지는 그녀를 이해해 보고자 애를 썼지만 끝내 펑 터지고 만 밤이 있었다. 부쩍 말수가 준 그녀의 곁을 채워주고자 바쁜 걸음을 옮겼지만, 결코 채워지지 않는 틈에 망연히 담배만 태우던 새벽이 있었다.

담담한 듯 늘어놓았지만, 그 오래된 장면들은

여전히 그의 가슴속에 작은 파편처럼 박혀 있었다. 쓰라린 기억들을 하나씩 더듬어보는 얼굴은 미세하게 흔들리다 이내 후련한 것처럼 보였다. 그런 그를 보며 그녀는 언젠가 그를 향하여 아무런 죄의식도 없이 쏘아버렸던 자신의 총알 몇 개가 여전히 그의 가슴속을 부유하고 있을지 모른다고 생각했다.

 그러나 더는 비애에 젖어 머물러 있을 수 없었다. 이제는 그 기억들을 보내주어야 할 때가 왔음을 알았다. 그녀에게는 여전히 얕은 우울감이 남겨졌고 그의 가슴에 남겨진 몇 개의 구멍에는 시린 바람이 불어오겠지만, 그럼에도 불구하고 이제는 새 계절을 향해 가야만 했다.

 여전히 차가운 계절, 눈이 부시게 새하얀 블라우스, 손이 베일 듯이 빳빳한 깃. 모든 것이 열일곱의 그날과 같았지만 분명히 달랐다. 수년 전의 그와 그녀를 다시 한번 서로가 꼭 안아주니, 이해라는 것이 그들에게 더 이상 그리 멀지 않은 것처럼 느껴졌다. 조금은 오랜 벽을 허물어버린 것 같았다. 긴 대화를 마치고 그녀는 그가 선물해 준 블라우스를 한참 바라보다가 저도 셔츠를 선물하고 싶어요, 라며 괜찮다 사양하는 그의 손을 잡아 힘껏 이끌었다. 그녀는 신중하게 고른 셔츠들을 하나씩 그의 가슴에 대보며 기도했다.

이 새하얀 셔츠가 부디, 그를 향한 총알들을 막아주기를. 이제는 우리가 그때의 그늘에서 온전히 떠나와 지금, 여기 새로운 걸음을 시작할 수 있기를.

앨범

 12월의 끄트머리. 모두가 들떴지만 내 마음은 홀로 고요했다. 창밖으로 새어드는 불빛만이 전부인 불 꺼진 방 안에서 깊어가는 밤. 무얼 해야 조금 덜 헛헛할 수 있을까 생각했다. 웅크린 자리에서 눈에 들어온 것은 높은 책장 위 하얀 눈이라도 내린 듯 먼지 쌓인 앨범이었다. 까치발로 간신히 닿았던 앨범이 위태롭게 흔들거리다 떨어졌을 때, 나는 그렇게 첫눈을 맞았다.

 환한 낮, 시름없는 얼굴들과 다정한 숨결들. 티슈로 작은 얼룩들을 지워내고 펼쳐 든 세계는 피부에 닿아 있는 계절과는 참 멀었다.

눈을 감으면 당장이라도 그곳에 닿을 것만 같은데 그때의 나와 지금의 나 사이에는 이렇게 계절의 끝이 하나 더 쌓이고 있다. 쉼 없이 벌어지는 그 간격을 이제 더는 어쩔 수가 없어서 얇은 비닐막만 매만져야 했다.

아쉬움으로 느리게 넘겨가는 페이지 사이사이 거꾸로 흘러가는 시간에 시선을 맡기다 이제는 내가 아닌 것만 같은 어린 눈동자 하나를 마주했다. 그 천진한 어린 빛이 어쩐지 지금의 나보다 더 많은 것을 알고 있을 것만 같아서 작고 희미해진 사진 한 장을 부둥켜안고서 물었다.

넌 어떻게 생각해? 지금의 내가 너는 괜찮니. 나, 너에게 미안하지 않을 만큼 제대로 가고 있는 건지 모르겠어.

2.
여전히 나란한 기대

이탈자

왜 느닷없이 선을 이탈해버렸냐고
너는 얘기했지.

나를 나무랐어. 그 앞에서 나는 입을 꼭 닫았어.
단단해 보이던 귀에 내가 부어줄 물은 없었지.

나는 모르지 않았어.
너 역시 아슬아슬 외줄 타기에 지쳐버렸는 걸.

내가 조금만 더 오래 너를 붙잡아주기를
그 겨를에 너도 그 낡아빠진 줄에서 내려와
이제는 두 발로 우뚝 서보고 싶다는 걸.

내가 너를 붙잡지 않은 것은
이탈자의 숱한 번복과 변명은
누구도 대신할 수 없기 때문이었어.

우리의 선택이 아닌
나의 선택이어야만 하는 순간은
결국, 누구에게나 찾아오니까.

언제나 뒤에 선
우리에게

　우리는 이기고 지는 것만이 경주의 전부가 아니라는 것을 누구보다 잘 알지. 간절한 적 없는 사람은 우리의 간절함이 지닌 무게를 짐작조차 못 해.

　나는 우리의 앎을 믿어. 그저 무책임한 낭만적 위로가 아니라는 걸 알지?

그때
우리가 있었다

좋은 답이 될 수는 없어도
좋은 물음이고 싶었던 시절,
높은 곳이 아닌 깊은 곳에
머무르고 싶었던 관계가
뜨거워 이내 타버릴 감정이 아닌
나른한 따스함으로 다가왔던
당신이 있었다.

그때, 우리가 있었다.

습관처럼 뱉던 그럴 수도 있지, 라는 말이 주는 넉넉함이 좋았다. 심술 가득한 얼굴로 그럴 수는 없어! 라는 말로 응수하던 나를 지그시 바라보던 그 얼굴은 그리 잘나지도 않았는데 보고 있노라면 기분이 좋아졌다. 언제나 호기심으로 반짝거리던 작은 두 눈. 누구도 묻지 않는 것을 묻던 그였기에 나는 아무도 들어주지 않는 것들을 쏟아낼 수 있었다.

하릴없이 걷는 걸 좋아했던 우리는 적당한 거리를 두고 주고받는 다정한 숨과 눈빛을 사랑했다. 그럼에도 내가 가장 사랑했던 것은 빠르게 지나는 차와 여름밤 풀벌레로부터 나를 당겨내던 품이었다. 간격이라는 것이 안겨다 주던, 그 애정 가득한 품. 더 깊숙이 닿고 싶어서 애써 먼 걸음을 떼기도 했다. 조금씩 뒷걸음을 치며 그를 시야에 온전히 담아낼 때면 가득히 차오르던 무언가를 느꼈던 나. 그런 내게 조금씩 거리를 좁혀오던 그 수줍은 걸음은 영원히 끝나지 않을 것만 같던 우리의 흐름이었다.

 기념일이 돌아오면 잊지 않고 건네주던 보라색 편지 봉투. 불면에 시달리던 늦은 밤, 수화기 너머로 나직이 들려 오던 내 이름. 아무런 날에 말없이 현관 앞에 두고 간 작은 선인장. 언젠가 대화 속에 흘려보냈던 좋아하는 작가의 데뷔작 초판본이 담겨 있던 우편함….
 그는 언제나 그만의 언어로 내가 나로서 온전히 사랑받기에 충분한 존재라고 느끼게 했다. 그때 처음으로 맨얼굴의 나에게도 행복이라는 단어가 코앞에 다가왔음을 느꼈다.

*허공에 떠다니는 글자들이 잦아질 때
비로소 내 글자들은 너를 향해 가는데
우리에게 주어진 시간은 너무나 짧고
그렇기에 우리의 문장에는 마침표가 없어*

바람에도 냄새가 있다는 것, 음악에도 색이 있다는 걸 알게 해준 그와 이어가던 대화는 언제나 부족했다. 우리는 좁은 골목길 가로등 아래에서 꺼질 줄 모르는 이야기를 속삭였다. 이따금 맺지 못한 이야기들은 늦게 든 이부자리에서도 계속 되었다. 우주 어딘가를 떠도는 꿈속에서조차 우리는 서로를 찾았는지도 모른다. 나를 닮아 애틋했고 나를 담아서 붙어버린 당신을.

너의 언어가 흩어진다.
한때는 나의 세상이던 너를 읽을 수도
들을 수도 없는 날은 도둑처럼 찾아온다

익숙함이 지겨움으로 변하는 순간이었을까. 아니, 그보다 신비로움이 사라지던 순간이었을 거다. 기적 같았던 일이 더는 우리에게 아무런 감흥을 해주지 못 할 때, 일상은 권태로워진다. 둘 사이를 메우는 공기마저 물에 젖은 솜처럼 무거워진다.

앞서거니 뒤서거니 했지만 늘 일정한 평행선을 그리며 왔던 우리가 조금씩 어긋나는 서로의 속도를 기다려 주지 못했던 것은 작은 틈 때문이었다. 언제나 같은 곳을 보며 걸어온 우리였지만 미세하게 틀어져버린 시선은 서로를 온전히 담아낼 수 없게 했다. 좋은 물음이었던 서로에게 정답을 요구하기 시작했고 언제부턴가 수평선이 아닌 수직선을 그리기 위한 싸움이 시작되었다.
평화로웠던 일상의 온도는 미적지근한 물처럼 삼키기가 어려워졌다. 변한 것은 우리의 사랑이 아니었다. 어제와 같은 오늘에도 다르게 반응하는 우리가 있을 뿐이었다.

그러나 부정할 수 없는 것은 다정하던 날들이 더는 오늘일 수 없다는 사실이었다. 귀기울이며 소중하게 붙잡아 두었던 그의 언어가 서서히 내 안에서 희미해져 가고 있다는 것이었다. 갈수록 선명해지는 갈등과 벌어지는 간격 앞에서 우리는 서글프지만 인정하기로 했다.

자연스럽게 서로에게 스몄던 우리라는 품을 그때, 거기에 밀어두고는 도둑 같은 걸음을 떼기로 했다. 바싹 말라서 부스러지기 전의 우리를 남겨두고는 다시, 언제라도 돌아볼 수 있도록.

아무렇지도 않아

　아무렇지 않은 일 중 대부분은 아무렇지 않지 않은 일들이다. 아무렇지도 않다는 말 뒤로 쏟아지는 한숨의 무게는 감히 상상할 수 없다. 괜찮냐는 물음조차 그 무게를 내려놓기에는 한없이 가벼워서 결국 또 숨어버린다.
　그냥이라는 말로 복잡미묘한 이야기를 대신하는 것처럼 아무렇지 않아, 라는 단서를 툭 던져놓고는 아주 멀지는 않은 곳으로, 아주 꽁꽁은 아닌 모양새로.

있지. 나, 사실은 여기 있는데
조금만 더 찾아주면 안 될까.

그래 준다면, 나 -
조금은 더 허술해지고 싶은데.

동창회

 틈이라는 게 서운할 나이도 지났나 보다. 이제는 각자가 가야 할 길들이 조금씩 선명해졌고 대화를 하다가도 이따금 침묵하고, 모르는 이야기에 물음보다는 그저 가만히 끄덕이는 걸 보면.
 그럼에도 이렇게 마주하며 그새 서로가 얼마나 늙었는지 농담을 던지고 작은 일에 큰소리로 떠들며 우리가 지나온 그때, 그 시간이 얼마나 멀어졌는지 가늠하는 지금이 얼마나 귀한지. 이 자리를 비우고 나면 지금의 우리는 다시 기약도 없이 멀어지겠지만.

젊은 날의
슬픔

 슬픔이라는 건 그런 거야, 아름답지 못한 시간에 머물고 있는 것이 아니라 그럼에도 불구하고 찾아오는 시선이 없다는 것.

 이 젊은날에 〈사랑 없는〉이란 단서가 붙는 것. 처절하게 살아내는 하루 끝에 수고했다는 한마디 없는 적막을 껴안아야 하는 것. 음울한 시간 속에 놓였단 명백한 사실보다도 아무리 뻗어도 닿는 품 하나 없는 주관적 외로움.

 그게 우리 젊은 날의 슬픔이야.

티비를
보다가

 유난히 버겁던 하루에 오늘도 무사히,를 외치며 돌아온 저녁. 무너지듯 주저앉은 자리에서 무심히 돌려대던 채널은 울음으로 붉게 물든 얼굴에서 멈췄다. 마저 벗기지 못한 양말 한쪽에 손을 멈춘 채 화면 속 울고 있는 그녀의 회상에 떠밀려갔다.

 그녀가 얼마나 복잡한 인물관계에 놓여있는지 어떤 전개를 지나왔는지 알 수 없었으나, 그녀는 외로웠다. 그것만큼은 분명했다. 그녀는 언제든 어디서든 흔들림 없는 사람이 되어야 했다는 그녀가 어린아이 같은 울음을 터뜨리고 있다.

나는 내가, 정말 그래도 되는 줄 알았어.
전부 다 괜찮을 줄로만 알았던 거야.

울음에 젖은 그녀의 외침에서 나는 나를 보았고 그만 무너지고 말았다. 아주 오랜만이었다. 아쉬운 소리 한번 하지 않았으니 이만하면 잘 지내왔다고 생각했다. 듣고 싶던 말 한마디를 듣지 못하며 살았다는 걸 몰랐다. 하고 싶은 말보다도 해야 할 말을 먼저 찾던 내가 대견스럽기만 했지 점점 더 외로워지는 줄을 몰랐다. 누구보다도 자기 이해가 깊은 나라고 자신했던 내가, 나조차도 몰랐던 나를 이렇게 만나게 될 줄은 정말로 몰랐다.

정말 바보 같아.
왜 그렇게 나는 내게 무심했을까.

주저앉아 울부짖는 그녀를 비추던 앵글이 멀

어지자 곁에서 가만히 그녀의 어깨를 감싸고 있던 이가 말했다.

지금까지 잘 해온거야. 더는 혼자 애쓰지 마.

그에게 고개를 파묻은 그녀를 보자 마음이 한결 나아졌다. 나를 닮은 그녀가 혼자가 아니라는 사실에 묘한 안도를 느끼면서도 여전히 혼자 울음을 그쳐야 하는 지금이 조금은 쓸쓸했다.

그러나 나에게 그녀와 비슷한 시간이 있었다고 해서 내게도 드라마 같은 전개가 이어질 거라는 기대는 하지 않는다. 그저 남은 울음을 모두 쏟아내고 나서 나는 나대로의 삶을 이어갈 것이다. 그런데도 분명 다시 울게 될 것이란 걸 안다. 언젠가는 곁에서 손 꼭 잡아줄 누군가가 함께일 수 있을 테지만, 그러다 다시 홀로 그쳐야 할 울음이 찾아올 수 있을 것이다.

그럴 때면 나는 다시 누군가의 한마디에 일어설 것이다. 그것이 언제 어디서 만나게 된 누구이든. 다시 티비를 보다가, 일지라도.

언젠가라는
이름으로

 어릴 적 내가 살던 아파트 단지 입구에는 빨간 우체통이 있었다. 집을 나서고 들어설 때마다 당연하게 지나오던 우체통을 보며 언젠가 한번은 엽서 한 장 넣을 날이 있겠지 생각했다. 그러나 시간은 제 걸음을 재촉하며 흘렀고 전하지 못한 마음은 여전히 어디에도 쓰이지 못한 채 쌓여만 갔다.
 그러던 어느날 문득 떠오른 이에게 전할 편지를 꼭 쥔 채 걸음을 옮겼을 땐 빨간 우체통은 온데간데없었다. 언제부터였는지도 모르게 네모반듯한 반석만이 빈자리를 메우고 있을 뿐이었다. 뒤늦게 밀려오던 상실감에 애꿎은 노란 편지봉

투만 만지작거려야 했다.

  미묘한 상실감을 느낀 것은 그날 사라진 우체통 앞에서만이 아니었다. 그 이후로도 나는 종종 문을 닫아버린 카페를 찾아 늦은 걸음을 옮겼고 말 없이 멀어져 가는 이들의 뒷모습을 덩그러니 바라만 보아야 했다.

  언젠가라는 말로 쉽게 다음을 기약했던 순간들은 어쩌면 우리가 붙잡아야 했던 단 한번의 순간이었을지도 모른다. 그 이후로도 나는 몇 번이나 언젠가!를 외쳐댔지만 지금까지 단 한 번도 빨간 우체통에게 어떠한 마음도 전하지 못했다.

푸른 잠

 오랜 시간 잠에 빠졌다가 문득 눈을 떴을 때 방 안에는 시계 초침 소리만이 가득했다. 그러나 구태여 시간을 확인하고 싶지는 않았다. 그저 어스름이 삼켜버린 천장을 바라보며 창밖 하늘이 만물이 꿈틀대는 새벽의 것인지, 돌아갈 자리를 찾아가는 늦저녁의 것인지 가만히 짐작해보는 것만으로도 충분했다.
 어스름이 짙게 앉은 중간 하늘을 바라보며 어린 내가 다짐했던 것들을 잊지 않고서 가슴에 새겨두었고 그렇게 나는 조금 더 성장할 수 있었다.

순간을
애정해

  열일곱의 여름밤, 언제까지나 쓰는 사람이 되겠다고 결심했던 나를 기억해. 뻑뻑해진 두 눈을 비비면서 굳은살 박힌 중지와 약지를 모른 척하면서 꾹꾹 눌러쓰는 페이지, 흘러가는 모든 순간들.

  이렇게나마 붙잡을 수 있을까 하는 마음으로 시작된 이야기들, 순간을 애정하는 나의 오랜 방식.

일리 있는 이별

떠나는 이들을 붙잡지 않았던 건 그들의 곁에 미련이 없어서가 아니었다. 되돌려 놓으리란 확신이 없어서도 아니었다. 구차한 변명이라면 얼마든지. 나는 부끄러움이란 것을 모른 체할만큼 용감했다.

그럼에도 작아져가던 뒷모습에 아무 말할 수 없었던 건 그들이 남겨둔 이유 때문이었다. 등을 보이며 툭, 던져놓거나 슬그머니 꺼내놓던 그들의 일리. 온몸을 비틀며 쏟아낼 눈물조차도 그들이 뱉어 놓은 일리 앞에서는 아무 소용이 없을 것이란 것을 나는 알았다.

거부할 수 없는 인정과 이해가 내 고개를 끄덕이게 했고 눈물을 꼭 삼키고 돌아서게 했다.

사라져버린 등짝을 찾아 자꾸만 돌아보면서도 나에게 지어진 이유와 일리를 함부로 내던질 수는 없었다. 그건 그들을 향한 내 마지막 한 줌의 사랑이었고 배려였을지 모른다.

그렇게 한 걸음도 떼지 못한 채 엉엉 울어버릴 수밖에. 끝내 좁히지 못한 채 멀어져만 가던 간격, 그 끝에서.

전환점

　삶은 늘 예기치 못한 곳으로 흘러가는데 우리는 언제나 부적응이다. 어느 곳으로도 쉬이 걸음을 뗄 수 없는 순간들은 나와 타인의 맨얼굴을 확인하는 지점이다.

우연

작은 우연이라고 생각해—,
그저 작은 우연들이 지금 이 순간으로
나를 데려왔을 뿐이라고.

그런데 오늘은 그 우연들이 미워서,
그 작은 이유가 커다랗게 닿은 마음이
사무치게 서글퍼서 그래.

그래서 여기까지 달려온 거야.
아무것도 묻지 않는 너를 찾아서.

작은 우연들에 빠지면 피할 길도 설명할 길도 변변찮다. 때로 우연들은 무지막지한 필연만큼이나 혹은 그보다 더 질긴 힘으로 우리를 밀어붙인다. 이렇다 할 만한 이유가 되지 못하는 우연은 투정을 뱉으려던 입마저 얼려버린다.

오늘도 작은 우연들에 등 떠밀려 위태롭게 서 있는 나에게 누군가 이 밤에 거기는 왜, 라고 묻는다면 나는 그저 습관처럼 답한다.

그냥 바람이 좀 쐬고 싶어서-

길

길에 대한 물음은
좁은 길에서나 넓은 길에서나

하나의 길을 걷다가도
갈림길을 만났을 때도

이미 멀리 떼어온 걸음이든
이제 막 출발선을 지났을 뿐이어도
언제나처럼 이어진다

언제나처럼 우리는 흔들릴 것이고
언제까지나 불완전할 것이다

다만 그 어딘가에 닿기를 바라며
묵묵히 떼어갈 걸음만이 있을 뿐이다

내게도 당신에게도 길은 이어져 있고

꾹꾹 밟아가다 보면 그 길 가운데
쉬이 지워지지 않을 자국 하나
남겨낼 수 있을지도 모를 일이다

언젠가는 그 자국들이
다른 걸음들을 인도할 수도 있겠지

청혼

 이제는 얼마나 지났는지 모를 정도로 오래된 관계였다. 우리는 작은 동네에서 서로의 인생에 함께 울고 웃고 사사로운 참견을 빼놓지 않으며 서로를 세상의 전부라고 여겨왔다. 너무나 당연해진 탓에 가끔은 공기 속을 부유하는 티끌처럼 무심하기도 했지만, 도무지 하나라도 빠진다면 이전과 같은 내가 될 수 없을 거라 믿어왔다.

 그런 우리의 온도가 조금씩 달라지기 시작한 건 녀석들 중 가장 만만하게만 느껴지던 k가 우리 모두가 한 번씩 앓았던 이름, j와 연애라는 걸 시작했을 무렵이었다. 갑작스러운 뉴스에 떡 벌어진 입을 다물기 힘들었던 건 모두가 마찬가지였지만 나에게는 조금 더 오래 입을 벌리고 있을 수밖에 없었던 이유가 있었다.

만인의 j. 그 이름을 앓는 마지막 주자가 나였다. 꽤 오래 놓쳤던 바통을 말 많은 나이가 되어서야 이어받게 된 게 거짓말처럼 바로 그 무렵이었다. 그 때문에 나는 난생처음 만나는 감정들에 밤잠을 설쳐야만 했다. 단 한 번도 시기의 대상이 되지 못했던 녀석이 j와 함께 등장할 때면 어쩐지 조금 더 근사해 보였다. 어느 날 녀석이 죽을상을 하고 나타나면 도대체 뭐가 부족해서 저러나 싶다가도, 못된 기대가 가슴 속 깊은 곳에서 슬며시 고개를 들기도 했다. 그러다 뒤이어 나타난 j를 발견하고선 작은 좌절마저 느끼기도 했다.

무엇보다 참기 힘들었던 것은 누구보다도 둘과 가까운 내가 그 둘의 행복을 바라지 않는다는 사실이었다. 그러나 j를 앓던 녀석들이 짧거나 길었던 마음을 접고서 다시 막역한 친구로 돌아갔던 것처럼 나 역시 두어 계절이 지나자 그들의 행복 앞에서도 발을 뻗고서 편히 잠에 들 수 있었다.

   j를 향했던 얕은 연정이 무사히 끝이 나면서 다시금 둘을 아끼는 친구의 자리로 돌아오게 되었지만 어쩐지 나는 조금 삐딱해져 있었다. 이를 알 리 없는 k와 j는 여전히 서로의 마음에 불을 지피거나 끄기 위해 나를 찾아왔다. 나는 순순히 그들의 요청에 응하기도 했지만, 가끔은 불이 필요한 곳에 물을 나르기도 했고 가끔은 잠잠한 그들의 곁에 작은 불씨를 던져 놓고는 나몰라라 하기도 했다.

   나의 작은 장난에도 끄떡없던 k와 j는 사계절을 함께 돌고는 마침내 거짓말처럼 결혼을 선언했다. 모두가 예상했다는 듯 그들을 기쁘게 축복했지만, 나는 조금은 서글퍼졌다. j에게 여전히 다른 마음이 있어서는 아니었다. 단지 서로를 마주 보며 꽉 잡은 두 손과 붉은 뺨을 보자, 그동안 내가 얼마나 어리석고 작은 사람이었는지 새삼 깨달았기 때문이었다.

녀석과 j는 결혼을 고작 며칠 앞두고도 종종 나를 찾아왔다. 그들의 가장 큰 화제는 청혼이었다. 오랜 시간을 함께했기에 별다른 청혼은 필요 없다는 j와 평생 단 한 번의 청혼을 그냥 지나갈 수 없다는 k는 팽팽했다. 그녀의 진심을 알아내 달라는 k의 성화에 나는 그녀를 만났다.

같은 향을 품자고 말했으면 좋겠어.
같은 샴푸로 머릴 감고 같은 비누로 몸을 씻고
같은 섬유유연제 향이 묻은 옷을 꺼내 입고서
마주 앉아 같은 찌개를 먹으면서.

내게 반짝거리는 다른 말은 필요 없으니까.

너무도 담백한 그녀의 말에 대꾸도 잊은 채 두 눈만 끔뻑거리는 내게 그녀는 아이스커피 한 잔을 시원스럽게 비워내고는 덧붙였다.

그렇게 같은 향을 품어가자고.
그냥 그렇게 전해줘. 그걸로 충분하다고.

그 순간 나는 직감할 수 있었다. 내 작은 훼방에도 그들이 끄떡 없던 이유를. 그리고 그 시절 우리 모두가 j를 앓았던 이유를.

터널을
지나다

언제까지고 머무를 수 없음을 알면서도
결국에 어디론가 떠나야 함을 알면서도
빠져나와야지 했던 터널도
조금 더 머물다 보면 정이 들기 마련이다.

텁텁하게만 느껴지던 터널 속 오렌지빛조차
조금씩 옅어지기 시작할 때면
아쉬움의 탄성을 지를지도 모른다.

 저 어지럽던 빛이 저렇게도 아름다웠나.

그러니까, 괜찮다.
조금도 이상한 게 아니다.

떼어지기를
떠나기를
벗어나기를
멀어지기를

그렇게나 바랐음에도 당신이
자꾸만 돌아보는 그 이유를 나는 안다.
그러나 다시금 제 길을 찾아
묵묵히 걷게 될 거란 것도 안다.

길고 긴 오렌지빛의 터널을 빠져나와 마주하는
제빛의 세상이 당장에는 낯설게만 느껴진대도
우리는 언제나 다시금 두 눈 끔뻑이며
제 길을 달려왔으니까.

궤도

 어째서 내가 미워하는 사람들은 조금 더 못되지 못한 걸까라는 원망이 들었다. 마주한 얼굴에 바윗돌 몇 개를 얹으려고 마음을 먹었다가도, 자갈만 한 돌멩이 하나 던지지 못하고 돌아와야만 했다.

 미움이라는 감정은 싫어하는 마음과는 다르게 애정이 뒤섞인 불순물 같다. 당신을 미워해-라고 시작되는 길고 지루한 이야기는 결국, 〈내가 당신을 미워하지 않았으면 좋겠어. 그저 함께이고 싶은 걸〉의 반항 조 표현일 뿐이다. 미움이 아닌 미움이고 순종하기 위한 나약한 반항 같은 것이다.

내가 그랬다. 다가가고 싶어서 멀어지려 애를 썼다. 결코 좁혀질 수 없는 사이라 하여도 내가 한 걸음 더 멀어지면, 그 한 걸음만큼은 나를 향하여 그들도 움직이지 않을까 하는 희미한 희망으로.

함께 있어도 늘 다른 어딘가에 머물던 그들의 시선에게서, 이해 아닌 이해가 나를 외롭게 하던 밤들과 더는 내게 화를 내지 않던 너른 가슴으로부터— 한걸음.

당신이 미워! 하며 한걸음씩 멀어질 때면 그 얼굴들은 정말 꼭 그만큼 내게 다가왔다. 그리고는 바들거리는 손으로 들고 있던 바위와 쥐고 있던 돌멩이를 너무도 쉽게 빼앗아갔다. 그러나 그것들을 저 멀리 내던져 버리지는 않았다.

애초에 내게는 던질 마음 따위는 없었다는 걸 그들도 알고 있었는지도 모른다. 그래서 그들도 나도 적당한 애정과 적당한 미움으로 좁혀지지 않는 거리를 둔 채 의미 없는 걸음만을 뗐는지도 모른다.

잊을 만하면 우리는 걷고 또 걸어야 했다. 같은 출발도 같은 끝도 우리에게는 없었다. 그저 불안으로 시작되는 뒷걸음질과 뒤늦게 따라오는 걸음이 이어질 뿐이었다. 손뼉조차 마주할 수 없는 간격을 둔 우리는 이어달리기 따위도 될 수 없었다. 무엇도 주고받지 못한 채 끊기지 않을 만큼만 이어가던 위태로운 걸음일 뿐이었다. 그런데도 그들과 내가 여전히 우리일 수 있었던 이유는 안도였다. 쉽게 뒤를 돌아볼 수조차 없게 하던 긴 침묵과 그 뒤로 조금씩 가까워지던 그들의 그림자가 내게 주던 안도.

그 안도에 취해 나는 계속해서 뒷걸음질을 쳤다. 얼음!하고 굳어 있던 그들이 짓던 봄눈처럼 짧던 미소를 보겠다고, 나는 계속해서 뒤로 걸었다. 낭떠러지에 다가가는 줄 모르고. 그들의 미소에 어떤 경고도 없었다는 사실을 모르고.

궤도를 벗어나고 나서 나는 생각했다. 어째서 그들은 더 못되지 못했을까. 조금이라도 더 오래 나를 마주하고 싶어서 그렇게 아무것도 모르는 척하며 늦은 걸음을 뗐구나.

여전히 바보 같은 안도에서 깨어나오고 싶지 않았다. 끝내 그들을 향하여 던지지 못했던 돌멩이들이 주먹 사이로 작은 모래 알알이 되어 흘러내렸다.

절망 없이
그리워 하는 법

물음이 있었어. 도무지 삼켜지지가 않던 물음. 입을 다물수록 더욱 거세게 밀려오던 그 물음.

자꾸만 돌아보게 되는 건 온전히 붓지 못했던 마음이 아직 나에게 남겨졌기 때문일까. 아니면 흘러넘치도록 쏟았던 탓에 이제는 아무것도 남지 않았기 때문일까.

며칠이 혼란스러웠어. 물음은 꼬리를 물고서 나를 재촉하는데 건네줄 답은 없었지. 벙어리가 되어 그 시간을 더듬던 내게 밤이 되면 하나둘 찾아오던 얼굴들, 몇 번을 꺼내어 봐도 변함없이 반짝이던 그들이 가엾은 나를 안아주며 말했어.

우리는 여기 이대로 남아 있을 거야.
언제든 돌아보면 마주할 수 있도록.
그저 어떤 해답도 없이,
이따금 돌아보기만 해도 좋은 얼굴로
네가 우리에게 그렇게 남겨진 것처럼.

그렇게 절망 없이도 그리워하는 법을 배웠어.

불행이라는
이름으로

긴 잠에 빠졌다가 깨어난 내게 툭 떨어진 외마디
— 넌 나를 불행하게 해.

무엇이, 나를, 그토록 긴 시간에, 너를,
우리라는 변명으로 붙들게 했으며
늦은 아침, 불행이라는 이름으로
눈을 뜨게 했을까.

이제 내가 느끼는 너를, 그때의 네가 아닌
진실도 기억도 아닌 허상 속에 어지럽혀진 채
남겨두게 했을까. 무엇이, 너를, 그리고 나를

거짓말

그들이 거짓말을 하는 줄로만 알았다. 영화를 찍겠다면서 극장을 멀리하던 k와 단 몇 권의 책이 전부인 작은 방 안에 갇혀 모두가 놀랄 만한 서사를 완성하고 말겠다던 p.

거짓말이어야 했는데, 유감스럽게도 그들은 정말 거짓말 같은 꿈을 꾸고 있었다. 그건 검지도 하얗지도 않은 거짓말, 뜨겁지 못해 미적지근한 회색빛 꿈이었다.

그녀의 종착지

 그녀는 자주 떠났다. 오래지 않아 돌아와야 하는 여행이었대도 좋았다. 어딘가에 머무르는 시간보다 이동하는 시간이 더욱 긴 여행이었대도 좋았다. 아니, 그녀는 돌아오기 위해서 떠났고 좁은 의자에 구겨져서 덜컹거리는 버스 안에 몸을 싣기 위해 떠났다. 단지 그뿐이었다.

 손바닥만 한 버스카드 한 장이 가지 못할 곳은 없었다. 꽤 이르게 시작된 그녀의 여행은 처음 교복을 입던 중학교 신입생 시절로 거슬러 올라가야 한다. 동네 친구들과 함께 떠났던 첫 여행은 조금은 무모했는지도 모른다. 어린이를 지나서 이제 겨우 청소년이 된 그녀들은 날마다 어제보다 더 넓은 세상을 꿈꿨다. 난생처음 입어보는 교복이 주는 책임감과 조금은 멀리 떨어진 학교 탓에 건네받은 버스카드가 주는 해방감에 도취된 그녀들은 서로를 조금 더 어른스럽게 대했다.

어느 날 하교하던 길에 보이던 버스를 가리키며 끝까지 한번 가보지 않겠냐는 그녀의 호기로운 제안에 작은 여행이 시작되었다. 언제나 앞서 걸으며 자신들을 리드해왔던 그녀를 따라 친구들은 망설임 없이 카드를 찍었다. 차창 너머로 펼쳐지던 낯선 풍경들에서 눈을 떼지 못하던 그녀들은 저마다 다른 생각과 꿈을 키워나갔다. 그러나 예상보다 일찍 들려온, 잔액이 부족합니다 라는 안내음에 그들의 여행은 심심하게 막을 내려야 했다.

성인이 되고 나니 후불 교통카드를 사용하게 되었고 이제는 정말 그녀가 가지 못할 곳은 없었다. 이 사실은 그녀의 친구들에게도 마찬가지였지만 그들은 목적이 없이는 더 이상 움직이지 않았다. 갈수록 시간이 모자란다고 했다. 그건 그녀도 마찬가지였다. 그런데도 그녀는 돌아오기 위해 떠나는 여행을 멈출 수 없었다. 이제는 생활비에서 꽤 큰 자리를 차지하게 되어버린 교통비가 이 목적 없는 여행이 그녀에게 어떤 의미가 되었는지를 말한다.

사람들과 어울리기를 좋아하는 그녀이지만 홀로 잠잠히 생각할 시간이 필요해질 때면 그녀는 언제든 무리 속을 빠져나와 버스에 올랐다.
그녀가 여행에서 반드시 사수하는 것이 하나 있다면 그건 창가 자리였다. 이를 위해서라면 몇 대의 버스도 미련 없이 보내고 마는 그녀에게 창은 더 넓은 세계와 낯선 세상에 대한 상상을 데려왔다. 어릴 적이나 지금이나 마찬가지였다. 창가에 기대어 이어폰을 꽂은 그녀는 몇 시간이고 창밖 장면에 눈을 떼는 법이 없었다. 푸르게 펼쳐진 풍경에 마음을 놓았다가도 빽빽이

들어찬 빌딩숲이 펼쳐질 때면, 낮은 층에 있는 작은 가게들의 간판을 줄줄이 발음해보기를 좋아했다.

그러나 그녀가 가장 좋아하는 건 사람이었다. 어느 장면이 펼쳐지든 한결같이 무표정한 사람들. 그녀는 그 얼굴들에서 나름의 고민을 짐작해보기를 좋아했고 제 나름의 심심한 위로를 건네기도 했다. 유리창을 사이에 둔 채 마음으로 전하는 위로가 전부였지만 그 시간들은 그녀가 그녀 자신에게 보내는 애정을 더욱 굳건하게 만들었다. 이름 모를 이들에게 보내는 애정은 말할 것도 없이.

버스가 전환점을 돌아서 익숙해진 길을 되돌아 갈 때면 어둑해진 창에 비친 승객들의 피로한 얼굴에서 그녀는 자신을 발견하곤 했다. 그럴 때면 그녀는 조금 서글퍼지기도 했지만 다정한 애정이 솟는 걸 느꼈다. 이따금 외면하려 해도 도저히 외면할 수 없던 그 공허한 눈빛과 지친 기색에 못 이겨 그녀는 몇 번이고 자리에서 벌떡 일어서야했다. 언젠가 그녀는 발뒤꿈치가 벌게진 채로 구두 위를 위태롭게 흔들리는 제 또래의 여자에게 자리를 양보했다. 그녀는 아직 30분을 더 가야 했고 뒤꿈치의 여자는 겨우 두 정거장이 지나자 다른 사람에게 자릴 내주고는 사뿐히 내렸을 뿐이지만, 후회는커녕 벌건 뒤꿈치가 멀어져 가는 모습을 근심 어린 시선으로 바라볼 뿐이었다.

길고 긴 여정 끝에 마침내 감사합니다, 를 남기고 착지하는 그녀의 종착지는 언제나 그녀가 사는 작은 아파트 단지 앞. 익숙하다 못해 닳고 닳은 걸음이 가득한 곳이지만, 여행을 마친 날만큼은 전혀 새로운 공간이 되어 그녀를 맞아주었다. 무표정한 사람들 사이로 새어 나오는 애정을 숨기지 못해 조용히 웃음 짓는 그녀의 씩씩한 발걸음이 바로 그곳, 그녀의 종착지에 하나씩 늘어갔다.

가스레인지와
드라이기

그러게 왜 그렇게 고집을 부려서 그래.
내가 말했잖아. 이미 나온 답이었다고.

 혹시나 했던 마음으로 몇 번이나 들여다보고 내팽개쳐지기를 반복한 그녀에게 돌아오는 말은 하나같았다. 모두가 〈안 봐도 비디오〉라며 등을 돌렸지만 그녀는 언제나 제목이 큼지막하게 써 붙어있는 비디오를 손에 쥐고도 돌아설 줄 몰랐다. 굳이 플레이해야만 했고 생경한 장면은 조금도 없었으나, 한참이나 확인을 하고서야 그녀는 고개를 끄덕거렸다.

정확하고 분명한 것을 좋아하는 성격 탓이었을까. 아니면 예외, 변수라는 것에서 마음을 거두지 못하는 얕은 의심 혹은 희망 때문이었을까. 열에 아홉이 그랬다는 어느 정도 일관된 정황들조차 그녀에게는 그저 지나가는 하나의 이야기에 불과했다. 그녀는 무엇이든 직접 보고 만져야만 단념할 수 있었다.

애써 판도라의 상자를 열어젖히는 그녀를 이해할 수 없던 건 그녀 자신도 마찬가지였다. 조금만 피하면 충분히 지나갈 수 있는 일조차 박치기하듯 거칠게 내몰아야만 후련해지는 심사는 그녀 자신도 이해할 수 없는 부분이었다.

그날도 확인이라는 이유로 그를 끝까지 밀어붙이던 날이었다. 결국 힘없이 떨어져 나가고 만 것은 언제나처럼 그녀였다. 새벽이 하얗게 질리도록 잠들지 못한 그녀는 누운 자리에서 가만히 두 눈을 끔뻑거리다 하얀 천장 위을 도화지 삼아 제 자신을 그려 보았다. 눈을 질끔 감은 채 절벽

을 향해 걷고 있는 그녀. 모두의 만류에도 아랑곳하지 않고 걸어간다…. 질릴 대로 질려버린 장면이었다. 감정의 밑바닥을 친 후 뜬 눈으로 지새는 새벽이면 늘 비슷한 장면을 떠올렸다. 이대로 천장만 보고 있다가는 절벽 아래로 떨어지는 제 자신과 마주할 것만 같아서 서둘러 몸을 일으켰다.

이런 새벽에는 묽은 커피 한 잔이 절실했다. 코끝을 감도는 옅은 커피 향을 맡고 나면 거짓말처럼 어김없이 아침이 새어들곤 했다. 슬리퍼를 질질 끌며 들어선 부엌에서 그녀는 습관처럼 주전자를 찾아서 물을 채우고 가스불을 올렸다. 물이 펄펄 끓며 뜨거운 목욕탕 냄새가 부엌을 가득 메우기를 기다렸다. 주전자 안을 가득 채웠던 물이 겨우 머그잔 하나를 채울 정도로 줄고 나서야 그녀는 주전자를 들어 올렸다.

순간이었다. 습관처럼 소매 끝을 잡아당겨 손잡이를 감싸 들어 올리려는데, 치익-. 손이 미끄러지는 바람에 주전자가 그녀의 손등을 위로 고꾸라졌다. 벌써 몇 번째인지 모를 화상이었다. 부어오른 손등을 흐르는 찬물에 내맡긴 채 그녀는 한 쪽 발로 마른 걸레를 밀며 엎질러진 물을 훔쳤다. 뜨듯하게 데워지는 걸레를 짚으며 노곤함을 느끼던 그때, 무심하게 옮겨진 시선 안으로 작은 전기 포트 하나가 들어왔다.

그녀가 종종 붕대로 감싼 손을 내밀던 이유를 알게 되던 날, 그가 그녀에게 선물했던 전기 포트였다. 그녀의 취향을 따른 하늘색에 매끈한 디자인이 조화로운 전기 포트였지만, 그녀는 단 한 번도 그에게 전기 포트가 내려주는 커피 한 잔을 대접하지 못했다. 멋쩍은 얼굴로 아껴 쓰려고, 라며 녹슬고 찌그러진 주전자에 물을 덥히던 그녀였다. 꽤 시간이 흘렀지만 전기 포트는 여전히 그 누구의 손길도 닿지 못한 채 순전한 모습을 하고 있었다. 안쪽에는 뜯기지 않은 비닐이 그대로였다. 전기포트를 사용하지 않은 것에 특별한 이유는 없었다. 전기 포트가 주는 편리함이

미덥지 않았을 뿐이었다. 3분이면 땡, 하는 맑은 소리와 함께 점잖게 보글거리는 물마저 조금은 세련되게 만드는 전기포트가 효율적이고 안전하다는 사실은 그녀도 알고 있었다. 그런데도 커피 한 잔을 위해서 커다란 주전자 안에 물을 가득 채워 펄펄 끓여내는 수고로움을 포기할 수 없었다. 무섭게 달그락거리는 소리와 함께 후끈해지는 공기를 느껴야만 비로소 물이 끓고 있구나 싶었기 때문이었다.

발갛게 부어오른 손등에 붕대를 감았다. 조심한다고 했지만 작은 스침에도 견딜 수 없이 쓰라렸다. 아무것도 하고 싶지 않았지만 여전히 그녀에게는 커피가 절실했다. 아직 마르지 않은 물기가 반들거리는 부엌에서 그녀는 전기 포트와 주전자 사이에서 잠시 주춤했지만 이내 싱크대에 처박힌 주전자를 들고 물을 채웠다.

붕대 사이로 삐죽 나온 집게 손으로 간신히 커피잔을 들어 올리던 그녀는 피식 웃음이 났다.

겨우 이 한 모금을 위해서 새벽에 난리였다는 건 아무도 몰랐으면 했다. 고작 이십 분 남짓의 위안을 얻자고 며칠 고생하게 된 걸 생각하니 스스로도 기가 막혔다. 하지만 입안과 코끝을 가득히 메우던 커피 향은 분명한 위로였다.

늦은 오후가 돼서야 눈을 뜬 그녀는 제 손에 감긴 붕대를 보고 얼마간 멍한 얼굴로 지난 새벽을 더듬어야 했다. 그가 남기고 간 전기 포트와 그럼에도 불구하고 재차 선택된 낡은 주전자까지 떠올리고 나서야 늦은 외출을 준비할 수 있었다. 다친 오른 손은 등 뒤로 감추고 어색한 왼손으로 훔쳐낸 세수와 시원찮은 샴푸질은 아무리 해도 찝찝하기만 했다. 조심한다고 했으나, 물에 젖어 축 늘어져 버린 붕대가 짜증스러웠다. 젖은 붕대에 마른 수건을 열심히 두르던 그녀는 지겹게 반복되는 장면을 떠올렸다.

서로 다른 입들이 모여 그녀를 향하여 외치던 하나의 말이 귓가에 들려오는 것만 같았다.

너는 꼭 애써 그래야만 하더라

 숱한 질타에도 변함 없이 한결같이 굳이 애쓰던 그녀였지만 젖은 붕대 속에서 퉁퉁 불어버린 손등은 그녀의 그 모든 선택들을 의심하게 했다. 강 건너 불구경만으로는 부족해서 늘 더 가까이 다가가 데이고 만 상처들과 뒤돌아서야 했던 순간을 놓쳐버려 도무지 잊을 수 없는 말과 장면을 마주했던 순간들이 파노라마처럼 지나갔다.

 윙윙-탁! 생각에 잠겨 뜨거운 줄도 모르고 긴 시간 들고 있던 드라이기 바람에 귓불이 벌겋게 익어버렸다. 그녀는 몇 시간만에 손등에서 귓불까지 화상을 입었다.
 그녀는 전기포트로는 물을 데우지 못하는 것뿐만 아니라 선풍기 바람으로는 머리를 말리지 못했다. 푹푹 찌는 더위에도 언제나 뜨겁게 포효하는 드라이 3단 버튼을 택했다. 다른 이유는 없었다. 땀줄기가 등을 간지럽혀도 젖은 머리칼을 말리기에 선선한 바람은 못 미더웠기 때문이다.

  그녀는 벌겋게 익은 귀를 감싸 쥐고는 익숙하게 냉동고 문을 열어젖혔다. 하얀 냉기가 흐르는 냉동고 안에서 얼음틀을 꺼냈다. 테이블 위로 틀을 내리치며 얼음을 떼어냈지만 불어버린 붕대 탓에 얼음은 잘 집히지 않고 자꾸만 미끄러졌다. 그녀는 바닥에 나뒹구는 얼음들을 잡으려고 애를 썼지만 그럴수록 얼음은 더 멀리 미끄러졌다. 허리를 반쯤 접은 채로 얼음들과 씨름하던 그녀는 달궈진 귀에 피가 몰려 점점 더 뜨거워지는 걸 느꼈다. 젖은 머리칼에서 떨어진 물방울인지 땀방울인지 모를 이마에 맺힌 방울이 자꾸만 눈으로 흘러 들어왔다.

  난장판이 된 바닥에 더러워진 붕대를 휘저으며 그녀는 생각했다. 얼음을 줍고 난 뒤에 낡은 드라이기 따위는 쓰레기통에 던져버려야겠다고. 이제는 전기 포트를 깨끗이 닦아 내놓아야겠다고. 그리고 더는 애써, 애쓰지 않겠다고.

엄마라는
이름

후회 없는 삶이 있겠냐만
그럼에도 이름 하나 더 얻었고
이제는 그게 나를
다시 숨 쉬게 하지 않느냐고

헤아려지지 않는 것들 앞에서도
두 귀를 막지 않게 된 내가
이제는 당신을 듣고 싶어요

너로
일어나

지금 이 순간, 누군가 내게 소원을 묻는다면
내일 아침 너로 일어나 하루를 사는 것

늦은 아침, 넉넉한 잠을 자고 일어나
무심하게 돋아난 수염을 말끔히 정리하고

먼지 닦아낸 식탁에 앉아
건강한 밥 한 끼 꼭꼭 씹어 삼키는 것

오래도록 꺼져있던 핸드폰을 켜고
지인들에게 밀린 안부를 전하는 것

찾아오는 걸음을 돌려 보내지 않고
못 이기는 척 나가 사사로운 대화로
시끄러운 하루를 보내는 것

늦은 저녁, 집에 돌아와 뜨거운 목욕물에
묵은 것들을 떠나보내는 것

잠들기 전 이부자리 위에
가만히 무릎을 꿇고
내일의 소망을 기도하는 것

그럼에도 가장 하고 싶은 일은
가만히 거울 앞에 서서
몇 시간이고 얼굴을 들여다보는 일

양팔을 어깨에 두르고
있는 힘껏 너를 껴안는 일

만연

촉촉한 것과 축축한 것의 차이를 아는지가 중요했다. 그녀는 도통 만연해 있는 것에는 마음이 가지 않았다. 오히려 가만히 섰던 마음도 돌아서는 것만 같았다. 거짓말처럼 빠져들었던 그에게서 애정이 사라지기 시작한 것도 비슷한 이치였다. 꿈결 같던 장면들을 뒤로 해야했던 그날의 그녀는 울지 않았다. 그저 넓은 보폭으로 씩씩한 걸음을 떼었을 뿐이었다.

남들이 하는 건 다 해봐야 직성이 풀린다던 학창시절 친구들 사이에서도 그녀는 유행이라는 것에 마음이 가지 않았다. 꽃처럼 한 철만 사랑해줄 건가요, 라는 말처럼 잠깐의 끌림이 좋게만 느껴지지 않았다. 사물이든, 사람이든, 사랑이든 마찬가지였다. 그녀는 언제나 오래 자리를 지켜온 것들에 마음이 기울었다. 그녀가 사랑하는 것은 혜성처럼 등장해서 마음을 사로잡고는 별똥별처럼 사라져 버리는 것이 아니었다. 언제부터 거기 있었는지 알 수 없을만큼 낮게 스며든 것이었고 낡은 듯해도 편안한 인상을 주는 것이었다.

그녀에게 연애는 언제나 커다란 숙제 같았다. 익숙한 얼굴에서는 좀처럼 새로운 감정을 틔우기 힘들었고 새로운 관계에서는 별다른 기대를 하지 않는 편이었다. 좁게 열어 둔 그녀의 문 틈으로 드나드는 사람들과 주고받는 이야기는 마르지 않았지만 언제나 딱 거기까지였다.

그녀가 만남에 소극적인 태도를 취하게 된 것

은 취향 때문이었다. 오래된 창법의 노래를 좋아하고 낡은 책방의 곰팡이 냄새를 남몰래 킁킁거리기를 좋아하는 그녀는 누군가 취미를 물을 때면 영화감상이요, 라는 답을 쉽게 하지 못한다. 어떤 영화를 좋아하냐는 물음이 자연스럽게 이어질 것과 그 물음에 대한 그녀의 답이 무엇이든 다음으로 이어질 영화에 대한 이야기가 그녀에게 불충분하게 느껴질 것을 알았기 때문이었다.

종로에 위치한 오래된 상영관에서 아무도 모르게 오르고 내리는 영화를 보고 난 날이면 그녀는 하얀 새벽이 올 때까지 이런저런 문장을 끼적이는 걸 좋아했다. 그러나 짙은 여운의 문장들을 이제는 노트 위가 아닌 입 밖으로 꺼내고 싶었다. 오래 찾던 극장에 혼자가 아닌 다른 누군가의 손을 잡고 들어서고 싶었다. 그렇게만 된다면 난생처음 팝콘과 콜라와 함께 스크린 속을 허우적거릴 수도 있을 것 같았다. 그러나 그건 쉬운 일이 아니었다.

저도 그 감독 영화 좋아해요, 저번에 그 가수 공연을 다녀온 적이 있어요, 라며 다가오던 얼굴들은 그녀가 조금 더 깊은 대화를 나누고자 하면 하나같이 난처한 표정을 짓곤 했다. 같은 취향이라던 그들에게 추천해준 영화와 책에 대한 감상은 그녀가 먼저 입을 떼기 전에는 기대하기 어려웠다. 그마저도 더듬더듬 이어가던 몇 마디가 전부였다.

그녀의 취향이 대단히 독특하거나 취향에 매몰된 삶을 사는 것은 아니다. 매일 반복되는 평범한 나날 가운데 그녀가 삶을 권태로워하지 않도록 활기를 더해주는 것이 리듬 가득한 음악이고 울림 있는 영화일 뿐이다.

문장과 장면을 애정하는 그녀는 주관적인 선호를 누군가에게 맞춰나가며 헛헛함을 느끼는 대신 홀로 지켜내는 걸 택했다. 언제라도 양해를 구하지 않고 영감과 위안의 세계에 빠졌다가 나올 수 있다는 사실에 그녀는 홀가분함을 느꼈지만 동시에 고독함을 느꼈다. 나란한 걸음이란 영영 제 것이 될 수 없을 것만 같았다.

이제는 혼자 읽는 로맨스도 혼자 보는 멜로도 익숙해졌다는 그녀가 우리라는 이름을 기대하게 된 건 장마 때문이었다. 비 오는 날이면 그녀는 어김없이 동네 골목에 자리한 작은 반지하 카페를 찾았다. 장마가 시작됐다 하면 유난히 습해지는 지하 공간을 찾는 사람은 그녀가 거의 유일했다. 그녀는 한쪽 벽을 메운 커다란 책장을 등지고 앉아 좁은 창으로 비 내리는 거리를 올려다보는 것을 좋아했다. 사심 없이 집어 든 책 한 권과 뜨거운 차 한 잔으로 흘려보내는 평화로운 오후는 작은 휴가와도 같았다.

며칠째 비가 내리고 있던 그날도 그녀는 편안한 차림으로 카페에 들어섰다. 그녀만을 기다리는 것처럼 늘 비어있던 자리에는 누군가 뒤집어 놓은 책 한 권과 바닥을 드러낸 찻잔이 놓여 있었다. 낯선 흔적에 잠시 멈칫하던 그녀는 이윽고 아무런 의심도 없이 그것들을 한곳으로 밀어두었다. 그리고는 늘 마시던 차를 시키고 무너지듯 자리에 주저앉았다. 그때 그녀의 눈에 테이블 위에 놓인 책이 들어왔다. 『바이올렛』이었다. 그녀가 좋아하는 작가의 수작이라 여기는 책이었다. 그토록 찾았던 책이 이곳에 있었다니, 조심스럽게 펼쳐보려던 그때 누군가의 손이 불쑥 책을 낚아챘다. 그였다. 그녀에게 감히 우리라는 이름을 기대하게 하고는 다시 돌아서게 만들어버린.

잠시 전화를 받고 오던 차였다고 했다. 『바이올렛』은 카페 책장이 아닌 자신의 서재에서 가져온 것이며 차 한 잔 더 마시며 독서를 이어갈 생각이었다는 그의 차분한 목소리가 습한 공기 중에 묵직하게 흔들렸다.

괜찮다면 여기 앉아도 될까요.

늘 이 자리에만 앉아서요.

그녀는 자신도 모르는 사이에 그에게 말을 붙이고 있었다. 조금은 바보 같은 말이었지만 그는 기꺼이 자리를 내어주고는 맞은편 의자에 앉아 책 속에 얼굴을 묻었다. 그녀와 그는 뜻하지 않게 좁은 테이블을 사이에 둔 채 각자의 책을 읽었다. 그녀는 이따금 그의 손에서 조용히 넘어가고 있는 『바이올렛』과 그를 훔쳐보았다.

그는 어떤 경로를 지나 깔끔한 양장본이 아닌 촌스러운 보랏빛의 『바이올렛』 초판본을 손에 넣게 됐을까, 궁금한 게 많았다.

그녀가 그토록 애정해 마지않는 p 작가의 『바이올렛』 초판본은 아무리 애를 써도 닿을 수가 없었다. 초판을 가지고 있다던 동네 중고서점을 몇 번이나 속는 셈하고 들렀지만 결코 닿을 수가 없었다. 초판본 대신 그녀는 좋아하는 곰팡이 냄새만 실컷 맡으면서 들춰보지도 않을 낯선 책들만 한아름씩 데려와야 했다.

좋아하는 작가든 감독이든 혹은 가수이든, 처음을 함께하는 것에 의미를 두는 그녀에게 『바이올렛』은 일종의 의무감과 미완의 감정을 느끼게 했다. p작가의 13권의 책 가운데 12권의 초판을 꽂아둔 거실 책장을 지날 때마다 그녀는 마지막 문제를 풀지 못한 것처럼 허전했다.

그토록 애를 태웠던 『바이올렛』이라니. 그녀는 자신의 시선에도 아랑곳하지 않고 손바닥만한 세계에 완전히 몰입된 그에게 묘한 경외심마저 느꼈다. 몇 페이지만을 남겨둔 채 조심스럽게 넘기는 오른 손의 리듬과 가볍지 않은 표정으로 페이지를 응시하는 그에게서 어쩐지 맡기 좋은 곰팡이 냄새가 나는 것도 같았다.

열하나, 열둘 그리고 열…셋.
누렇게 색이 바랜 『바이올렛』을 거실 책장 안

에 꽂아 놓았다. 그녀는 몇 번이고 숫자를 세었다. 열셋이었다. 마지막 페이지를 마저 넘기고 떠난 그가 아무런 말도 없이 그녀에게 선물해준 보랏빛 숫자. 수년간 멈춰 있던 그녀의 컬렉션이 어느날 마주한 그로 인해 완성되었다. 그날 밤 그녀는 그에게서 자신이 놓쳐버렸던 것을 하나 둘 되찾아가는 꿈을 꿨다.

장마는 계속되었다. 그들의 대화는 늘 같은 자리에서 시작되었다. 꿉꿉한 공기를 가르며 흘러오던 그의 이야기는 누구에게도 보여준 적 없던 그녀의 조각들을 하나씩 꺼내 보이게 했다.

그와 그녀는 아주 먼 곳에서 성장했지만 마치 오랜 시간을 공유해 온 사람들 같았다. 빗물이 흐르는 소리에 기대어 속삭이던 작은 비밀들은 얕은 관계만 전전하던 그녀에게 새로운 세계를 열어주었다. 책이나 영화 속에서 보았던 것보다 생생하고 조금도 일방적이지 않은 교감을 나누었다. 그녀가 물으면 그는 답했다. 그녀는 언제나 그의 답이 좋았다. 분명하지만 다정한 말투의 그와 나누는 대화는 언제나 새로운 물음표를 던져주었다. 그녀는 그와의 수수께끼가 좋았다.

  이름 난 감독의 잘 알려지지 않은 첫 작을 몇 번이고 되감아 봤다는 그와 여전히 빛을 보지 못한 문장과 장면에 감격하는 그녀는 닮은 구석이 많았지만 여전히 알아가고 싶은 게 많았다. 약속하지 않아도 그녀와 그는 비가 내리는 주말이면 언제나 함께였다. 커다란 책장 앞 소파에 나란히 기대어 한 권의 책을 나눠 읽기도 했고 작은 상영관에서 오래된 영화를 들춰보기도 했다.

  쌓여가는 낭만과 함께 웃음도 울음도 나눴던 그들이었지만 그녀는 조금 더 나아가고 싶었다. 가끔은 허구의 서사 밖에서 두 눈을 마주하고 싶었다. 현실을 잊은 우리가 아니라 현실마저도 끌어 안아줄 서로가 되었으면 했다. 그녀의 축 늘어진 어깨를 두드리며 이어폰 한 쪽을 건네는 것이 아니라 가만히 안아주는 품을 기대했다.

장마는 며칠째 이어지고 있었다. 함께한 시간이 길어진 만큼 주고받는 이야기들도 쌓여갔다. 마른 목에 물을 붓듯 찾았던 그와의 대화는 종종 늦은 밤까지 이어졌지만, 그들의 대화가 서로의 내면 깊숙한 곳을 지나는 법은 없었다. 누구와도 나누지 못한 것을 나누게 된 그였지만 누구에게든 털어내고 싶은 삶의 작은 고민들이 외면되고 있다는 사실은 그녀를 퍽 외롭게 했다.

가끔은 버거운 삶에 위안을 얻기 위해 찾았던 문장과 장면들이 현실을 잠식해 버릴까 두려워지기도 했다. 그가 건네준 『바이올렛』에 느꼈던 안도와 기쁨은 작은 도서관을 방불케 하던 그의 서재 앞에서 달아나 버렸고, 늘 새로운 영감을 주던 인디 극장이 이제는 동네 슈퍼처럼 편하고 익숙한 공간이 되어버린 지 오래였다.

오랜 시간 삼켰던 이야기를 꺼내어준 그였는데 더는 그에게 하고 싶은 말이 없었다. 숨이 멎을 듯이 울고 웃던 장면들에 더는 내어줄 감정도 남아 있지 않았다. 더는 이대로는 안 되겠단 생각으로 잠이 들었다가도 눅눅한 공기에 눈을 뜨고나면 그녀는 습관처럼 그를 찾았다. 흩어져 버릴 이야기를 나누는 게 전부라는 것을 알았지만 그녀에게 그는 비 오는 날에 없어서는 안 될 필요 조건이었다. 충분하지는 못했으나.

비는 조금씩 잦아들고 있었다. 길던 장마에도 끝이 보였다. 먹구름을 몰아낸 하늘은 조금씩 제 빛을 찾아가고 있었다. 그녀는 목이 긴 부츠를 벗고 오랜만에 운동화를 꺼내 신었다. 몇 번을 망설였지만 결국 우산은 놔둔 채 가벼운 걸음으로 밖을 나섰다. 길가에 흐드러진 아카시아 꽃잎들이 상쾌한 기운을 더했다. 바람을 타고 전해지는 향긋한 내음을 맡던 그녀는 카페를 지나쳐 작은 꽃집으로 향했다.

문을 열고 들어서자마자 노란 장미가 눈에 들어왔다. 그녀는 노란 장미 한 단을 가져다 주인아저씨께 건넸다. 그가 맨손으로 꽃대를 붙잡고 밀어내자 아무렇게나 엉겨 있던 잎사귀와 가시가 순식간에 떨어져 나갔다. 그의 손에 상처가 날 법도 했지만 이미 돌덩이처럼 굳은 손바닥은 아무일도 모르는 듯 했다. 입을 꾹 다문 채 나른한 얼굴로 꽃다발을 만드는 그를 보자 그녀는 문득 궁금해졌다. 그를 둘러싼 아름다운 꽃들이 그에게는 어떤 의미인지 물었다.

이제는 아무 의미 없어. 그냥 하는 거야. 처음에는 보고만 있어도 좋았지. 하지만 지금은 그저 일이야. 매일 하니까, 이렇게 가끔 장갑도 잊어버려.

그녀의 물음에 그는 잠시 손질을 멈추고 굵은 뼈마디를 매만지며 답했다. 단단한 손바닥을 보니 얼마나 많은 꽃이 그의 손을 스쳐갔을지 짐작할 수 있었다. 퍼렇게 물든 풀물이 이제는 아무리 닦아도 지워지지 않는다는 그의 말에 쓸쓸함이 느껴졌다. 더는 처음과 같은 감정을 느끼지 못한다는 그가 이 좁은 공간에서 꽃들에 둘러싸여 평생을 보낼지도 모른다는 사실은 그녀를 서글프게 했다.

 꽃집을 나온 그녀가 노란 장미 꽃다발을 흔들며 바라본 하늘에는 구름 한 점도 보이지 않았다. 무거운 우산 대신 꽃다발을 든 채 홀가분 걸음을 떼던 그녀는 새로운 무언가를 기대해도 좋을 것 같은 기분을 느꼈다.
 작은 콧노래를 부르며 느리게 도착한 카페 안은 여전히 고요하고 어두웠다. 계단을 내려갈 때마다 습한 기운과 함께 곰팡이 냄새가 훅 끼쳐왔다. 차분한 분위기와 습한 냄새. 모두 그녀가 좋아하는 것이었지만 그 순간만큼은 모든 것이 권태롭게 느껴졌다. 먼저 와있을 그를 찾아 조금 더 깊게 들어 갈수록 그녀의 손에 들려진 장미꽃은 생기를 잃어가는 것만 같았다.

어디에도 그의 모습은 보이지 않았다. 익숙한 그의 겉옷과 가방이 늘 앉던 자리에 덩그러니 남겨져 있을 뿐이었다. 테이블 위에는 손때 묻은 몇 권의 책과 언젠가 그녀가 궁금해했던 오래된 사진집이 놓여 있었다. 잠잠한 얼굴로 서재를 살폈을 그를 생각하니 평온함과 동시에 얕은 멀미를 느꼈다. 그녀는 노란 장미 다발이 마치 호흡기라도 되는 양 그 안에 얼굴을 파묻고 숨을 깊게 들이마셨다. 다시 고개를 들어, 그의 맞은편 자리로 가려는 그녀의 발에 무언가가 채였다.

우산이었다. 그의 분위기에 걸맞은 차분한 네이비 색의 우산. 기둥이니 파라솔이니 하며 그녀가 놀려댔던 유난히 커다란 그의 우산이 의자 끝에 기대어 있었다.

그는 언제부터 와 있던 걸까. 우산에서는 여전히 마르지 않은 빗물이 뚝뚝 떨어지고 있었다. 그의 젖은 우산을 돌돌 말던 그녀는 축축해지는 손의 감촉이 견딜 수 없이 싫어졌다. 우산 끝에 길게 이어진 젖은 발자국들 역시.

 잠시 생각에 잠겼던 그녀는 젖은 손을 바지춤에 슥 닦았다. 그리고는 노란 장미 다발을 그의 옷 위에 올려두고 느리지만 넓은 포복을 떼며 그에게서 멀어져 갔다. 그녀가 카페에서 아주 멀어졌을때 하늘은 더욱 맑아져 있었다. 긴 장마는 끝이 난 것 같았다.

나를 닮은 당신에게

우리는 언제나 위태롭게 흔들릴 거고
당신에게 찾아오는 그 순간들이
나에게도 과거가 될 수는 없나 봐요.

그래서 당신에게 말하는 거예요.

잘 왔다고,

우리 참 잘 만났다고.

3. 서서히 마주보는 세계

커뮤니케이션의 이해

가끔은 꽃보다 푸른 빛이 되고 싶었어.

그는 그 말의 의미를 도무지 알 수 없어서 어리둥절하기만 했고 그런 그를 보는 그녀는 조금 서글퍼졌다. 가끔은 전부를 꺼내어 보이지 않고도 작은 조각만으로 이해받고 싶어지는 날이 있었으니까.

우직하고 단단해 보이던 그의 모습에 뒤를 따르기로 결심했지만 가끔은 앞서 걸으며 그에게 알려주고 싶은 세계가 그녀에게도 있었다. 수수께끼를 하자는 것은 아니었지만, 그녀는 자신의 화법에 그의 귀가 조금씩 트여가기를 바랐다.

조금 더 낭만적으로 서로를 이해하고 싶은게 전부였다. 그녀의 낭만이 그에게는 그저 넘어가고만 싶은 몇 번 고비라는 걸 몰랐던 걸까.

가끔은 나 역시 네게 무언가 되고 싶었어. 아름다움만이 아닌, 다시 일어설 힘을 줄 수 있는 무엇이든. 네가 내게 그랬던 것처럼.

마지막 힌트 같은 말을 남기고 그녀가 푸른 숲을 헤치며 사라졌을 때 그는 불현듯 떠올렸다.
곧잘 웃어주던 말에도 이전과 같지 않던 그녀의 표정과 찰나의 침묵을. 관계에 드리워진 그늘을 조금도 의심하지 않던 자신이 의심스러워지기 시작하던 그때, 그는 서두르지 않고 그녀가 남겨둔 발자국을 따라 천천히 걷기 시작했다.
무언가 허물어지는 마음으로.

가면을 쓰지 않은 이방인

어차피 우리는 모두 타인을 온전하게 품어낼 수는 없어요. 조금 더 혹은 덜 속여 가며 그렇게 주변을 맴도는 것뿐이죠. 언젠가 감히 누군가를 온전히 이해할 수 있단 착각을 한 적은 있겠죠. 이성이 마비되고 감정만이 앞선 그 시각에 말이에요. 완벽하게 자신마저 속이고 나면 이제 우리는 벗을 수 없는 가면을 쓰게 되는 거예요. 결코 끝나지 않을 무도회를 시작하겠죠.

하지만 나는 가면 대신 가슴 속에 숨겨두었던 이방인이라는 딱지를 꺼내기로 했어요. 더는 나를 속일 자신이 없었거든요. 내게 속아 넘어간 가면 속 눈동자에 더는 눈을 맞출 수 없었어요.

차라리 조금 더 솔직해지고 뺨을 얻어맞는 게 낫다고 생각했죠. 이방인. 그 세 글자가 나를 자유롭게 했어요. 어차피 우리는 모두 이방인이에요. 서로 다른 방에서 나올 줄을 모르죠. 잠시 외출했던 걸 착각한 적은 있겠죠. 그의 방에 온전히 초대되었노라고요. 사실은 한쪽 발을 겨우 걸쳤을 뿐인 걸요.

우리가 서로 다른 곳에서 왔으며 여전히 같을 수 없음을 인정하면 어떤가요. 잠시 머물다 다시 떠나야만 한다 하여도 어때요. 무거운 가면을 쓰지 않아도 우리는 함께 춤을 출 수 있는 걸요. 어디서든 멈추고 다시 시작할 수 있어요.

봐요, 저들의 의미 없는 턴을. 웃고 있는 가면 안에는 눈물이 줄줄 흐르고 있을 거예요. 벌게진 숙녀의 뒤꿈치에도 아랑곳하지 않고 턴을 돌리고 있는 무례한 신사의 가면은 비겁하기 짝이 없죠. 그와 어울리지 않는 젠틀한 미소. 난 그사이를 자유롭게 뛰어다닐 거예요. 난 그들과 같을 수 없어요. 그건 누구도 마찬가지죠.

고백

 있지. 가끔은 나도 한없이 추락하는 기분이야. 나 역시 그래. 그래도 내가 가겠다며 울며불며 지켜온 걸음이란 것을 알잖아. 불어터진 발로서 걷는다고 불어터진 길은 아니니까.

 어느날, 툭 던져진 너의 고백에 모두가 잠잠했고 누군가 입을 떼기도 전에 먼저 자릴 떠나버린 너를 누구도 감히 위로할 수 없었어.
 위로만 구했던 우리에게 언제나 넉넉한 미소를 지어 보이던 너를 위로할 줄도 모르고, 그저 붙들고만 있었다는 사실에 모두가 잠잠했어. 네 발소리가 완전히 사라지고 나서도 계속되던 침묵. 그 정적은 깬 건 다름 아닌 너였지. 고개를 들지 못하는 우리에게 네가 건넨 건 위로.

그래, 위로였어. 불어터진 마음으로 절뚝거리던 네가 멀쩡한 발로 제 갈 길 찾기에만 바빴던 우리를 다시 찾아와 위로한 거야.

이윽고 회한의 울음, 그칠 줄 모르던 고백들이 쏟아졌어.

습관

 여전하구나. 여전히 눈물짓는 습관. 그때도 그랬었지. 슬프지 않은 이야기에도 코끝이 벌게졌다가 말았다가. 다시 눈물이 그렁그렁했었어.

 그러게, 잊고 있었다. 난 참 눈물이 쉬운 사람이었지. 왜였을까, 내게 눈물은 슬픔과 같은 말일 수 없었고 언제나 더 큰 감정을 품어냈다.
 어느 날에는 신호등을 사이에 둔 건너편 아이와 아빠가 맞잡은 손을 보며 눈물을 훔쳤고, 어느 주말에는 식물원에 다녀온 이야기를 하다말고 코끝이 시큰해졌다. 짧은 이야기를 마치는 동안에도 여러번 얼굴이 붉어지는 바람에 나는 늘 마주한 얼굴들을 당황시키곤 했다. 그러다가도 누군가 휴지를 건네올 적이면 언제나 손사레를 쳤다. 그렁그렁한 두 눈을 위로 젖히고는 흘리진 않았어, 라며 너스레를 떠는 건 나의 또 다른 습관이었다.

그 누구의 사정에도 휘둘리는 법 없이 시간은 착실히도 흘렀고 나를 둘러싼 많은 것이 변해갔다. 조금 더 나은 삶을 꿈꾸며 다정하던 손길들을 떠나와야만 했다. 자주 눈물 짓는 나에게 휴지를 건네는 손길과 염려와 애정 어린 시선은 더는 남아 있지 않았다. 그러자 나를 초라하게 만드는 그 습관이 미워져버렸다. 아무도 없는 벽에 기대어 조용히 울음을 삼키는 연습을 하며 나는 나를 들키지 않기 위해 입을 닫아버렸다.

그러다 우연히 발길이 닿은 오래된 동네에서 마주친 익숙한 얼굴, 그 앞에서 까맣게 잊은 줄 알았던 습관이 툭 터져나왔다. 특별한 이야기를 하려던 건 아니었는데, 입을 열자 눈앞이 뿌예졌다. 이번에는 조심스레 다가온 손길을 거절하지 않았다. 휴지를 꼭 쥔 채 아주 울진 않았다며 너스레를 떨었지만 어쩐지 자꾸만 울고 싶은 마음이었다. 데자뷰를 겪듯 익숙하고도 낯선 감정을 밀어내고 싶으면서, 동시에 오래도록 끌어안고 싶은 심정으로 하루를 보냈다.

다시, 변함없이 돌아온 일상과 창백한 얼굴들 앞에서 나 역시 건조한 얼굴로 시치미를 잘 떼고 있구나 싶었는데. 늦은 밤 돌아오는 길에 샀던 스타치스 한 단. 이미 마른 것처럼 보이지만 잘 시들지 않는다는 그 노란 꽃을 잠깐 베란다에 둔다는 걸, 깜빡했다.

다음날 늦은 아침, 햇살이 쏟아지던 베란다에서 누렇게 말라버린 가지와 푸석해진 꽃잎들을 마주했다.

이렇게 오래 내버려 두려던 것은 아니었는데 잘 마르지 않을 거라는 생각에 무심했던 거야.

바스락바스락. 부서지는 꽃을 바라보며 아주 오랜만에 나는 엉엉 울고 말았다.

그릇의 크기

많은 것을 얻게 되면서 동시에 많은 것을 잃었다. 이것을 붙잡기 위해서 저것을 놓아야 했다. 어째서 내가 가진 그릇의 크기는 생각하지 못한 채 넘치도록 주워 담는 것에만 마음을 빼앗겼을까.

결국 흐르고 나뒹굴게 될 것을 알면서도.

무너짐의
황홀함

 너무나 사랑해서 삼켰던 말들이 얇은 벽을 만들어 버렸고, 웃게만 하고 싶어 더 많은 눈물이 되어야만 했던 우리.
 마침내 뜨겁게 고백했고 결국, 무너졌다.

길이 되어

 우리가 머물러 있는 자리는 돌아갈 수도 나아갈 수도 없는 지체구간이 아니라 온몸으로 길이 되어버린 자리이다.
 온몸으로 길이 되어, 나는 어디쯤 놓였을까. 내 위로 얼마의 걸음들이 얼마를 머물다 갈지는 어제도 오늘도 영영 모를 일. 그럼에도 길이라면 적지 않은 자국들이 남겨졌으면.

4월의 눈동자

    그때 나는 우리가 더는 그림자 사이로도 함께 할 수 없음에 대해 조심스럽게 늘어놓고 있었다. 아득해지는 마음을 나라도 붙들지 않으면 안되었다. 이제는 그늘만 따라 걸을 수 없었다. 여전히 움츠린 날들이었지만 계절은 곧 새로운 생명을 길러내기 시작할 것이고 꽃들은 어제보다 더 향기로워질 것이 분명했으니까.

    시간이 갈수록 다정한 눈길과 따스한 품만으로는 버틸 수 없는 허기가 찾아왔다. 이제는 참을 만한 삶이 아닌 참지 않아도 되는 삶이 절실했다. 캄캄한 시간을 함께 견뎌 내줄 사람이 아닌 그곳에서 나를 건져내 줄 사람이 필요했다.

너를 사랑하지 않았던 것은 아니었다. 사랑, 내게 그보다 더 깊은 곳이 있다면 아마도 너는 그곳에 머물렀던 유일한 사람일 거다. 그랬기에 더 이를 악물고 너를 떨쳐내려고 애를 썼는지도 모른다. 나를 건져내고도 너를 건져낼 방법이란 보이지 않았으니까. 내가 모질어지지 않는다면 우리는 영영 그 계절을 버텨내지 못할 거라고 생각했다. 너는 여전히 대책 없이 이를 훤히 드러내며 웃어 보이던 사람이었고 나는 그런 네 앞에서는 그늘 한 줌도 꺼내 보일 수 없었으니까.

4월의 눈동자 같아. 항상 느꼈던 건데, 네 눈은 4월을 닮았어.

가만히 내 눈을 바라보던 네게서 알 수 없는 말이 흘러나왔을 때, 어렵게 묶어둔 마음이 다시 여기저기 나풀거리는 것만 같았다. 가만히 나를 응시하던 그 까만 눈동자가 진실되게 일렁이는 바람에 하마터면 다시 그늘을 따라 걸을 뻔했다. 하지만 참을 수 없는 허기와 추위에 모든 걸 잃어버린, 간신히 마른 침을 삼키며 더듬더듬 말을 이어가는 내게 4월, 그 따스한 계절을 보았다는 너를 보자 더는 자신이 없었다. 나를 품고는 더는 어떤 것도 품지 못하는 그 좁은 가슴에 얼굴을 묻고 엉엉 울어버릴 수 없었다.

그래서 나는 떠나야만 했다. 비겁한 이유로 너를 미워하고 우리의 지난 날을 부정하는 일. 그것만이 우리를 구할 수 있다고 믿어왔다.

네가 남긴 말을 다시 떠올리게 된 건 그 이후로 몇 번의 봄이 지난 어느 겨울이었다.

거리에는 캐럴이 울려 퍼지고 있었고 앙상한 나무를 휘감은 작은 전구들이 화려하게 번쩍거리고 있었다. 높은 층에 위치한 레스토랑 창가에 앉아 연말 분위기로 물든 거리를 내려다 보던 중이었다.

4월의 눈동자를 지닌 소녀라는 곡이네요, 동화 같죠.

 잠시 자리를 비웠던 그가 돌아와서는 내 손 위에 제 손을 포개며 말했다. 그는 오래 닫혀 있던 내 마음을 열어준 사람이었다. 더할 수 없이 섬세하고 다정한, 한없이 기대게 만들고 언제나 많은 것을 전해주는 사람. 그에게서만큼은 다시는 그때의 허기를 떠올릴 일은 없을 거라 생각했는데 4월의 눈동자라니. 가슴 깊은 곳에 힘껏 눌러두었던 서글픔이 훅 올라는 것만 같았다. 고개를 돌리면 저 창밖 아래, 바삐 걸음을 옮기는 사람들 사이에 홀로 멈춰서 순진한 얼굴로 나를 올려다보는 네가 있을 것만 같았다.

 아, 지금 나오고 있는 곡이요. 눈을 감고 있길래 감상하고 있는 줄 알았어요.

 갑작스럽게 덮쳐온 기억에 얼음처럼 굳어버린

나를 보며 그는 어깨를 으쓱해 보였다. 그제서야 실내에 흐르고 있던 잔잔한 연주곡이 귀에 들려왔다. 가만히 나를 바라보던 그를 향하여 활짝 입꼬리를 올려 보였다.

처음 들어요. 4월의 눈동자를 지닌 소녀라니. 노래가 잔잔하고 좋아요.

그쵸. 원곡에는 노랫말이 있어요. 듣기는 좋은데 노랫말은 슬퍼요. 4월의 눈동자, 봄을 담은 눈동자를 가진 소녀의 이야기인데…

마음이 쿵하고 내려앉는 것만 같았다. 가끔 이해할 수 없는 말과 행동으로 나를 당황시키던 네가 마지막으로 남긴 4월의 눈동자라는 말. 사랑도 원망도 느낄 수 없던, 그저 물음표 투성인 그 말을 붙들던 시절이 있었다. 아무런 힌트도 얻지 못한 채 끝내 지쳐버리고 말았는데.

 뒤늦게 불쑥 찾아온 4월의 눈동자는 내게 조금 더 많은 이야기를 들려줄지도 모른다는 생각이 들었다. 다만 그 이야기를, 이제 막 사랑에 가까운 감정을 나누기 시작한 이에게서 들어야 한다는 사실은 비극이었다. 옅은 죄책감과 두려움에도 불구하고 끝나지 않은 이야기 궁금했다.

 봄이 오지 않는 추운 왕국에 4월의 눈동자를 가진 소녀가 여행을 오는 것으로 노래는 시작돼요. 낯선 추위에 소녀는 지쳐가고 도움을 구하지만 누구도 소녀를 돌봐주지 않죠. 소녀는 눈보라를 헤치며 달리고 또 달려요. 자기를 구원해줄 그 누군가를 찾아서요. 마침내 소녀는 숲속 깊은 곳에서 허름한 집 하나를 발견하고 집의 주인인 사내만이 유일하게 소녀를 보살펴주죠. 하지만 이미 지칠 대로 지쳐버린 소녀는 사내의 난로 곁에서 숨을 거두게 되어요. 슬픔에 잠긴 사내는 그녀를 정성스레 묻어 주는데 그 무덤 위로 아름다운 꽃이 피기 시작하고 마침내 그 오랜 추위가 끝나고 봄이 왔다는, 그런 동화 같은 노래예요.

•

someone help the girl

with April in the eyes.

누군가 도와줘요,

4월의 눈동자를 지닌 소녀를.

•

 지독하게 서글픈 이야기였다. 침착하고 평온한 목소리로 이야기를 전하던 그가 낯설게 느껴질 만큼. 무릎 위에 올려둔 손이 차가워지고 가슴이 뛰었다. 근사한 식사와 아름다운 풍경에만 집중하고 싶었지만 잘 되지 않았다. 어디를 보아도 그곳에 네가 있을 것만 같았다. 보이지 않는 너를 발견하기만 하면 왈칵 눈물을 쏟을 것 같았다. 조금씩 붉어지는 눈시울을 들키고 싶지 않아서 간신히 와인잔을 들었다.

조금 궁금하지 않아요? 4월의 눈동자는 어떻게 생겼을지.

그는 조금의 의심도 없는 눈으로 내 눈을 바라보며 말했다. 그러고는 잔을 부딪쳤다. 따듯하게 데워진 공기 중으로 맑은 소리가 옅게 퍼져나갔다. 잔을 조금씩 비워나갈 때마다 감은 두 눈 사이로 그가 아닌 그 시절의 네가 보였다.

커다란 두 손은 한없이 부드러웠고 입꼬리를 길게 당겨 웃을 때마다 나타나던 인디언 보조개가 천진했다. 그런 네게도 시름이 있었을까. 네게도 도망치고 싶던 새벽과 영원처럼 지켜내고 싶은 한낮이 반복됐을까 궁금했다. 말 없이 네 어깨에 머리를 기대어 잠든 나를 바라보며 너는 어떤 생각을 했을까. 순전한 애정이 깊은 죄책감으로 기우는 시간이 네게도 있었을까. 묻고 싶은 것이 많았다. 지켜주고 싶었고 그럴 수 없어서 도망치고 싶었던 그 천진한 얼굴을 한번만 다시 보고 싶었다. 그럴 수만 있다면 조금 더 용기를 내어 진심을 나누고, 네가 내게 보았던 4월의 눈동자의 의미를 묻고 싶었다.

  그러나 너를 두고서 나는 너무 멀리 와버렸고 이제 내 앞에 그가 있을 뿐이었다. 내게서 어떤 계절도 읽지 못하는 그는 두 눈을 반짝이며 잠시 후면 잊을 만한 이야기를 했다. 나는 아무래도 좋다는 듯 웃어 보였다가도 짐짓 심각한 표정을 지어 보였다. 지금 내가 그에게 줄 수 있는 것은 그뿐이었다. 그러다 잠시 침묵이 흐를 때면 창밖을 내다보았다. 혹시 저 멀리서 같은 계절을 거닐던 너를 볼 수 있지 않을까. 밀려오는 눈물을 꾹 삼켜내며 거짓말 같은 장면을 그려보았다.
  반짝이는 유리창 위로 한동안 잊고 있던 우리의 계절이 느리게 지나가고 있었다.

손끝

날은 더 추워지는데 안으로만 수그러지는 내가 미워. 떨고 있는 사람들은 여전히 밖인데.

꼭 쥐고 있던 손끝을 뻗어서 마침내 닿을 수 있다면 터져 나오는 정전기에 어린아이처럼 웃어 보일 수 있다면, 이 겨울이 우리에게 조금은 덜 가혹할 수 있을 텐데.

유효

누군가에게는 이미 끝나버린, 그러나 다른 누군가에게는 여전히 유효한 진심이 있다.

벽

　나를 지켜주고 있다고 믿었던 벽들이 언제부턴가 나를 가두고 있었다는 걸 알게 되었어. 그럼에도 뛰어넘을 용기는 없더라.

　그저 언젠가―, 언젠가 라며 넘겨내는 달력들만 이렇게 계절 가득 쌓여갈 뿐.

허기

어제의 아침밥을 못 먹었다고 해서
오늘 두 번의 아침밥을 먹는 사람은 없다

그날에 내가 뱉지 못한 이야기들은
허공에 흩어져 버렸고

애써 한데 모아, 쏟는다 하여도
이미 진심 아닌 진심들

숨바꼭질

가끔은 그러고 싶을 때가 있다

아무도 모르는 곳에 꽁꽁 숨고는
오지 않는 얼굴들을 기다리고 싶을 때
어떠한 원망도 눈물도 없이
그저 떠올려 보고 싶을 때

그래, 그들은 내가 미워서가 아니라
나를 까맣게 잊어서가 아니라
단지 모르고 있을 뿐이라고

지금, 여기에 내가 있다는 걸

썸머를 위한
변명

 썸머를 위한 변명을 찾기 시작한 건 나에게 이 썸머 같은 여자야! 라며 상처 받은 눈빛을 하고는 돌아서 버리던 J를 잊지 못해서가 아니었다. 자신의 어리숙한 감정들을 순진과 찌질 그 사이 어딘가에 있는 톰이라는 인물에게 욱여넣던 그러면 이제는 J라는 이니셜을 제외하고는 이름조차 가물가물해진지 오래였다.

 아무런 고통 없이 잘라낼 수 있기 때문이라며 윤기나는 검은 긴 머리카락을 망설임 없이 잘라내던 썸머의 모습이 언젠가 커다란 가위를 들고 거울 앞에 서있던 나와 겹쳐 보였기 때문도 아니었다. 그저 궁금했다. 그녀를 향한 뜨거운 가슴을 안고 어쩔 줄 몰라 발을 동동 구르던 톰에게 어떠한 확신도 안겨주지 않던 썸머의 사라진 계절들은 어떤 장면들로 채워졌는지 알고 싶었다.

톰의 시선에 따라 흘러가는 영화 속의 500일이란 시간과 그의 목소리로 흘러나오는 나레이션은 그가 느끼는 운명적 사랑에 힘을 실어주었지만, 그를 등지고 떠나버린 썸머에게는 그저 또 다른 J들이 보내는 잔뜩 찌푸린 시선만이 남겨졌을 뿐이다. 조금 공정하지 않단 생각이 들었다.

지금 우리가 행복하면 그만이지, 라던 썸머의 말에 나 역시 톰에게 이입하여 그녀를 미워하던 적이 있었다. 사랑이라는데. 사랑,이라는 그 말 한마디가 뭐가 어렵다고. 처진 톰의 눈매와 달리 탄력적인 그녀의 모습이 유난히 얄밉던 여름 밤이 있었다. 어수룩하지만 어딘가 가련하게 느껴지던 톰이 안타까워서 할 수만 있다면 썸머에게 달려가 그를 한번만 더 제대로 봐달라고 소리쳐보고 싶었다. 그런 나에게 썸머라니, 아무리 생각해 보아도 그건 J의 커다란 착오 같았다.

네가 말하던 것들이 어느날 갑자기 모두 믿어졌어. 그래, 네가 옳았어. 네 말을 들어야 했어. 톰.

어느 날 갑자기였다. 툭 잘려 나가버린 썸머의 계절들이 궁금해졌던 건. 그들의 대사와 장면을 몇 번 반복하게 되자 처음에는 보이지 않았던 것들이 하나둘 보이기 시작했다. 사랑 따윈 실존하지 않는 허상에 불과하다던 썸머가 다른 남자의 아내가 되었다는 말을 전했을 때 톰은 무슨 생각을 했을까. 그저 허탈하기만 했을까.

식당에 앉아 책을 읽던 그녀에게 누군가 다가와 책의 제목을 물었고, 그렇게 썸머는 그의 아내가 되었다며 웃었다. 500일이라는 시간 동안 지독하게 썸머를 앓았던 톰에게는 그토록 어려웠던 자리를 누군가는 이토록 자연스럽게 채울 수 있다는 게 톰과 마찬가지로 나 역시 조금은 허탈했다. 그러나 한편으로는 묘한 안도를 느꼈다.

사랑이란 감정을 끊임없이 의심하던 썸머가 누군가의 무엇으로서 살아가는 삶을 마이너스가 아닌 새로운 세상으로 마주하게 되었다는 게 반가웠는지도 모른다. 이전에는 보지 못한 평온이 느껴지는 썸머의 얼굴을 보니, 어쩌면 사랑을 갈구하던 톰보다도 사랑을 믿지 못하던 썸머가 더 불행했을지도 모른다는 생각이 들었다. 두 눈을 반짝이며 손을 내미는 톰에게 무엇도 전해줄 수 없다는 사실은 톰만큼이나 썸머 스스로를 초라하게 만들지 않았을까. 차갑게 등을 돌려 조금씩 멀어지던 그녀의 표정을 우리는 알 길이 없다. 톰의 시선을 따라 가느라 놓쳐버린 썸머의 500일이라는 시간들 역시.

썸머의 네 번째 손가락에 끼워진 작은 반지가 어떤 경로를 지나야 했는지, 이전에 볼 수 없던 그 환한 미소는 언제부터 그녀의 입가에 머물렀는지는 오직 썸머만이 알고 있을 거다. 수많은 이야기를 뒤로 한 채 그녀는 '이 모든 것은 그저 일어날 일'이었다며, 언젠가 톰이 하던 말을 되풀이할 뿐이다.

 오랜 시간을 함께 했던 벤치에서 재회한 썸머와 더는 자신이 바라던 전개를 기대할 수 없다는 사실을 톰이었지만, 그도 작은 위로는 받지 않았을까. 썸머를 향했던 그의 순전한 마음이 그저 찰나의 신기루가 아니었음을 그녀도 알게 됐을 테니까. 비록 그녀가 마주하게 된 운명의 상대가 톰이 아니었다는 것은 유감이지만 말이다.
 마침내 사랑을 발견한 썸머를 향해 누군가는 여전히 굳은 팔짱을 풀지 못한 채, 톰과 그녀의 이뤄지지 못한 사랑이 못마땅스러울 수도 있다. 사랑을 너무 늦게 알아버렸다며 그녀를 핀잔할 수도 있겠다. 그러나 늦었다는 생각조차 썸머가 아닌 톰의 시계에 맞춰져 있다는 것을 알아야 한다. 톰이 썸머에게 느꼈던 강한 이끌림이 그의 운명이었더라면 썸머만의 감정과 속도를 따라 마주한 사랑 역시 그녀의 시계를 따라 흘러들어 온 운명일 것이다.

  톰에게 썸머는 결국, 지나가버린 계절이 되었지만 누군가에게 그녀는 영원한 계절이 되었다. 어느 때보다 뜨거웠던 여름을 지낸 톰에게 찾아온 어텀 역시 그저 스쳐 가는 계절이 될지, 마침내 영원히 머무를 계절이 될지는 누구도 모르는 일이다. 다만, 그건 '그저 그렇게 될 대로' 흘러갈 것이다. 썸머를 위한 변명, 아니 운명이 그러했듯이.

  J, 내 운명은 네가 아니었어.
단지 그뿐이었어.

9월의
고백

혹시나, 가 역시나, 라는 말을 데려온다는 건
이제는 너무 익숙한 이야기인지도 몰라.
하지만 그 순간들은 내겐 언제나 새롭기만 해.

새롭게 무너지는 밤들.
다시 곧 해가 떠오를 거란 사실은 나도 알아.
그러니까 그런 말은 조금도 위로가 되지 않아.

아, 내가 어떤 위로나 조언 따위를 얻자고
당신에게 맨얼굴의 고백을 하는 건 아니에요.
그저 끄덕여 달라는 거예요.
그 연약한 고개를, 나에게도 한 번쯤은.

어째서 나는 나로서는 사랑받을 수 없나요.

가끔은 그래요.
가끔, 아주 이따금은

나도 나를 내다 버리고 싶어질 때가 있어요.
근데 그건 말도 안 되잖아요.
내가 나를 내다 버린다니요.

아, 이제는 아무리 늦은 걸음을 떼어도
가출이 아닌 외출이 되어버린 나이가 버거워요.

나는 여전히 어리숙하고 부족할 뿐인데
꼿꼿이 세운 등, 치켜든 턱이
나보다도 먼저 거짓말을 해요.

나는 아주 괜찮다.
나는 이제 거의 완벽한 어른이다.

언니의
잠꼬대

유난히 허전해 보이던 그녀의 얼굴은 늦은 아침 불쑥 들려오던 언니의 잠꼬대 때문이었다고 했다. 한가로운 주말 아침이면 누구랄 것 없이 나 오늘 무슨 꿈을 꾸었게, 라며 운을 뗀다는 그녀들은 어느 날에는 붉어진 얼굴로 달콤한 로맨스를 풀어놓았지만 이따금 놀란 가슴을 겨우 진정시키며 불청객처럼 찾아온 악몽을 들려주기도 했다. 꿈은 무의식의 세계라는데 어느 날에는 들키고 싶지 않은 비밀이 담긴 한밤의 꿈을 펼칠수도 가만히 안고만 있을 수도 없어 끙끙 앓기도 했다. 얼마 지나지 않아서 있지, 하며 결국 모두 털어내고 마는 그들이었지만 말이다.

안녕하십니까. 37번 고아라입니다.
잘 할 수 있습니다. 배우가 되고 싶습니다.

그런데 오늘 아침은 조금 달랐다. 여전히 꿈속에 있는 그녀의 언니가 내뱉은 잠꼬대는 너무

너무도 선명했고 그녀는 언니가 꿈 속에서 마주하고 있을 장면을 어렵지 않게 짐작할 수 있었다.

한번으로는 부족했는지 몇 번이나 정확한 발음으로 내뱉던 〈되고 싶습니다. 배우가 되고 싶습니다〉는 잠꼬대보다는 선언에 가까운 것이었다. 두 눈은 감고 있었지만 구겨진 미간과 잔뜩 힘이 든 입이 진중해 보였다. 그 모습을 본 그녀는 언젠가 언니와 나눴던 대화를 떠올렸다.

언니, 꿈을 꾸지 않는 사람도 있대.
정말? 그러면 사는 게 조금 시시하지 않을까.
아니. 잠들 때 꾸는 꿈 말이야. 우리는 맨날 꾸잖아. 오늘처럼. 아무래도 매일 피곤한 이유는 꿈인 것 같애.
그 꿈 말하는 거구나. 하지만 피곤한 건 이 꿈도 마찬가지지. 조금만 더 하면 될 것만 같아서 매일이 이렇게 짧잖아.

가볍게 흘려버렸던 짧은 대화의 의미를 그 순간 깨달았다고 했다. 깨어서도 잠들어서도 꿈을 꾸는 언니의 나날이 얼마나 고단했을까.

　괜한 청승인지는 몰라도 눈물이 멈출 줄 몰라서 도저히 화장을 할 수 없었다는 그녀는 꿈 속을 헤매는 언니의 곁에 나란히 웅크리고 누워서 작게 열린 입술에서 흘러나오던 잠꼬대를, 아니 가슴 속 이야기를 남김없이 들어주었다고 했다. 그리고는 그 뜨거운 가슴을 향한 애정과 옅은 질투를 안고는 낮게 속삭여 주었다고 했다.

　이제는 이불 밖에서 꿈을 만나게 될 거라고.

흙 묻은
운동화

가슴 한구석에 밀어둔 작은 상자에
여전히 잠들지 못하는 밤이 이어지고 있다면

아직은 가진 게 아무것도 없는
우리라는 걸 부끄러워하지 말고
잃을 게 없다는 사실에 안도하며
그 어떤 두려움도 없이 걸음을 옮기자.

저 언덕 너머로 보이는 작은 불빛이
작은 가슴을 뛰게 하는 순간을 외면하지 않고
좁게 뜬 눈으로 멀거니 바라보고만 있지 말고

운동화 끈 질끈 묶고 다시 걸어보자.
우리에게 반짝이는 구두가 아닌
흙 묻은 운동화가 있음에 감사하며.

언젠가는 그런 날이 올 거야.
더 놓지 못해서 더 가보지 못하는 날.

그때 우리는 꿈을 잃고도
아직 더 잃을 것이 많다는 사실에
부끄러워질 거야.

그러니까 우리, 지금을 숨겨두지 말자.

마이너적인
취향

 왜였을까. 난 늘 그랬다. 어떤 서사를 만나든 주인공보단 주인공 친구의 절절한 짝사랑을 응원했다. 잘 보지도 않는 드라마에 간만에 꽂혔다 하면 언제나 저조한 시청률의 것이었고 한 달에 몇 번이고 극장을 찾는 내게 경적을 울리던 것은 언제나 아무도 모르게 오르고 내리던 영화였다.
 여전히 잘 모르겠다. 어째서 나는 반짝거리는 것들 사이에서 아무렇지 않게 놓여 시치미를 떼고 있는 것에 마음이 이끌리는지. 어쩌면 나 역시 인기 좋던 친구들 사이에서 아무것도 모르는 양 어색한 미소를 짓고 있던 시치미 떼기 선수였기 때문인지도 모른다.

그래, 이 애정의 출발은 묘한 동질감이었을 것이다. 그러나 주인공이 아닌 주인공 친구에게서 나를 보았다고 해서 평생 누군가를 서포트를 하며 보낸다거나 이등석 벤치에 앉아 앞선 주자의 부상이나 실추를 기다리며 보낼 생각은 이전에나 지금에도 없다. 내면에 환히 불을 밝혀주던 인디무비 속 한 장면, 인디밴드의 노랫말을 언제까지나 아끼고 애정할 테지만 그저 〈우리는 특별하니까, 이대로도 충분해.〉라는 마음으로, 그들이 나아갈 자리를 가리고 싶지 않은 것처럼.

조금 시간이 걸릴 지 모르겠지만 내가 그들에게서 발견했던 무언가를 다른 이들 역시 발견해 가기를 바란다. 그리하여 마침내 그들이 머물렀던 자리와 모습이 전부가 아니었음을 알아주기를 바란다. 찰나의 시선으로 지나쳐버린 그들의 이야기에 조금만 더 끈기를 가지고 바라봐주기를. 진정한 가치는 언제나 인내 끝에 〈결국, 마침내〉 알아차릴 수 있을 뿐이다.

최종회에 다다르도록 사랑 받지 못했던 주인공의 친구는 과연, 모두의 시선이 거둬진 이후에도 여전히 혼자일까. 우리가 마땅히 사랑하는 그 이름들에게 과연, 절절한 고독의 밤이라고는 없었을까.

나는 나의 걸음에 힘을 실어준 그 서사들을 언젠가 더 환한 곳에서 마주하게 되리라는 걸 믿는다. 우리는 지금 이대로도 충분히, 그러나 더 나아가기에도 더할 나위 없이 아름답기에 그 자리만이 아닌 제 자리를 찾으며 나아가기를 바랄 뿐이다.

에필로그

우리의 삶이 영화라면
찬란하지 않아도

내 삶이란 영화에 나레이션이 없어진다면 지금 이 순간은 어떤 문장이 되어 당신에게 읽혀질까

내 문장의 시작은 언제나 낡은 일기장 앞이었다. 누구에게도 토로하지 못했던 어린 날의 한숨을 납작 엎드린 채 꾹꾹 눌러 쓰던 나는 생각했다. 언젠가 이 모든 순간이 내 삶의 이유가 되는 날이 올 것이라고. 조금은 우습게 들릴지도 모르겠지만 텅 빈 방 안에 담겨서 아무도 모르게 눈물을 훔치던 어린 나였지만, 그럼에도 언젠가 내 삶도 한 편의 영화가 될 수 있지 않을까 하는 막연한 상상을 하고는 했다. 우는 대신 그 기적에 가까운 소망을 붙들며 노트와 펜을 들었다.

그러니까 어쩌면 내게 문장이라는 건 주어진 삶을 샅샅이 붙잡아 기록하기 위한 필사였는지도 모른다. 그러한 시절을 지나 나는 기어코 문장을 쓰고 장면을 붙드는 사람이 되었다. 그러나 그 어떤 기록도 영원히 머무르기만 할 수는 없다는 것을 안다. 한 줄의 문장은 새롭게 이어지는 다음의 문장과 새로운 의미를 더해갈 것이고 찰나의 장면 역시 그 뒤를 따르는 장면과 함께 새로운 전개를 데려오게 될 것이다. 어제의 문장들이 오늘의 나에게 새로운 의미로 읽히는 것처럼 말이다.

지금까지 우리가 지나온 장면들 혹은 곁을 스쳤던 이들에게서 발견한 삶의 조각들은 조금도 특별하지 않을지도 모른다. 어쩌면 지극히 사소하게 느껴질지도 모르겠다. 그러나 한 편의 영화도 결국 숱한 장면들의 연속이다. 그 어떠한 서사도 찰나의 순간을 지나오지 않고는 결코, 완성되지 않는다. 우리의 삶도 그렇다. 무심한 듯 지나쳐왔던 순간들이 모여서 결국 삶이라는 하나의 영화를 만들어간다. 돌아보면 언제나 긴 여운을 남기는 것들은 언제 어디서든 만나고 헤어질 수 있다고 믿었던 사소한 얼굴들이었고 낮고 고요한 공간이었으니까.

겨울을 지나 봄, 여름, 가을, 겨울. 그리고 다시 봄. 여섯 번의 계절과 함께 지나온 장면들을 붙잡아 기록했다. 영원할 것처럼 머물렀으나 스르륵 사라져버린 고요한 장면들이 단 한 번도 같은 얼굴을 하지 않는 계절 사이에서 얼마나 많은 의미를 더해갔는지 당신에게 전하고 싶어 오래도록 품고 매만지는 시간을 보냈다. 언젠가 머물렀지만 어느 틈에 놓쳐버린 그때, 거기의 장면과 이야기들이 당신의 곁을 스치는 의미를 향하여 번져가기를 바란다.

    우리의 사소한 순간들이 머리 위를 두드리는 작은 빗물이 되고 언젠가 바다로 흘러갈 수 있다고 믿는다. 그리하여 그 어느날 누군가의 삶에 새로운 파도를 데려올 수 있기를 감히, 바란다.

다시 2021년 여름에서
가랑비메이커

가랑비메이커 장면집
언젠가 머물렀고 어느 틈에 놓쳐버린
ⓒ 문장과장면들 2021

개정증보판 1쇄 2021년 8월 28일
개정증보판 2쇄 2023년 8월 18일
지은이 가랑비메이커
펴낸이 | 책임편집 | 디자인 고애라
표지 사진 염서정 (@yeomseojng_)

펴낸곳 문장과장면들 (979-11) 966454
출판등록. 2019년 02월 21일 (제25100-2019-000005호)전자우편 sentenceandscenes@gmail.com
인스타그램 instagram.com/sentenceandscenes
카카오브런치 brunch.co.kr/@garangbimaker

이 도서의 국립중앙도서관 출판예정도서목록(CIP)은 서지정보유통지원시스템 홈페이지(http://seoji.nl.go.kr)와 국가자료종합목록시스템(http://www.nl.go.kr/kolisnet)에서 이용하실 수 있습니다. (CIP제어번호 : CIP2019015529)